汉 语 知 识 丛 书

歇 后 语

温端政

商務印書館
创于1897 The Commercial Press

图书在版编目(CIP)数据

歇后语/温端政.—北京:商务印书馆,1985.7(2023.5重印)
(汉语知识丛书)
ISBN 978-7-100-03140-0

Ⅰ.①歇… Ⅱ.①温… Ⅲ.①汉语—歇后语—研究 Ⅳ.①H136.3

中国版本图书馆 CIP 数据核字(2000)第 28481 号

汉语知识丛书
XIĒHÒUYǓ
歇 后 语
温 端 政

商 务 印 书 馆 出 版
(北京王府井大街36号 邮政编码100710)
商 务 印 书 馆 发 行
北京虎彩文化传播有限公司印刷
ISBN 978-7-100-03140-0

1985年7月第1版 开本 787×1092 1/32
2023年5月北京第5次印刷 印张 4⅞
定价:38.00元

目　　录

一、歇后语的名称和性质

汉语里有一种为群众所喜闻乐见的语汇，如“泥菩萨过江——自身难保”“黄鼠狼给鸡拜年——不安好心”“大水淹了龙王庙——一家人不认识一家人”等。这种语汇，历来有许多不同的叫法。有的着眼于这种语汇后一部分有时可以省去，把它叫做藏词、缩脚语、歇后语；有的着眼于这种语汇前后两个部分之间的关系，把它叫做解后语、譬解语；有的着眼于这种语汇在修辞上的特色，把它叫做谐谑语、俏皮话。至于各地的土名就更多了，如东北叫“俏皮嗑”，四川叫“言子”，山东有的地方叫“坎子”，河南有的地方叫“窍儿”，浙江有的地方叫“譬语”，山西有的地方叫“洋话”，等等。在这些名称中，最有代表性的是歇后语和譬解语。这两种叫法虽然影响较大，但作为学术名称，都未能反映这种语汇最本质的特征，所以，需要提出来讨论。

先说“歇后语”这个名称。

为什么要把这种语汇叫做歇后语？起名的人没有说明，后人的解释大致上是两种：一种是说这种语汇“由两个部分构成，在讲说的时候，两部分中间的语气，要有较长的顿读，故此得名”。另一种，说这种语汇是“半截话”，“后半截说出来不说出来并不重要”，因为后半截“常常不说出来，所以叫做歇后语”。前一种说法明显地不能成立，因为由两个部分组成、中间有语气停顿的语汇很多，有不少谚语、成语也是由两个部分组成的，中间也有语气停顿，但不能因此就说它们是歇后语，同时，有不少歇后语，像“兔子尾巴长不了”“出头的椽子先烂”“丈二和尚摸不着头脑”等，前后两部分之间的语气停顿都很短。所以，持这种说法的人不多。但是，后一种说法却很流行。许多关于歇后语的论著都采用了这种说法。然而，它也经不起语言实践的检验。大量事实证明，这种语汇是并不“歇后”的。根据我们对《红楼梦》《儒林外史》《西游记》《暴风骤雨》《李自成》等五百二十多部文艺作品中所用的四千八百九十三条歇后语的统计，后一部分“歇”去的只有三百七十五条，占不到十二分之一。

为什么歇后语的后一部分一般不“歇”去呢？这是因为组成歇后语的前后两个部分是密切相连的，而且后一部分还是表义的重点所在，如果硬要“歇”去后一部分，就会影响表达效果。

首先是费解。例如：

① 现在合作化了，原来一家一户的打麦场都合在一起了。原来的石磙子还用不完，谁来买你们的。这就叫做：没出嫁的闺女做鞋子——不管女婿脚大小。（李准《李双双小传》* 236 页）

② 却说那三个魔头，齐心竭力，与大圣兄弟三人，在城东半山内，努力争持。这一场，正是那“铁刷帚刷铜锅，家家挺硬。”（《西游记》第 77 回 879 页）

---

*本书所用例句绝大部分引自公开出版物，引自刊物的注明“刊”；引自报纸的注明“报”；引自书籍的注明“书”，其中比较有影响的注明作者和书名。

③ 衣服打湿了，又饿了一天，一个鬼毛也没抓住。这真是薛仁贵不叫薛仁贵，叫白跑（袍）。（《枫香树》210页）

例①里的“不管女婿脚大小”，比喻办事不从实际情况出发，如果“歇”去，是不容易猜出来的；例②里的“家家挺硬”，原意是指两个东西都很坚硬，用在句子里引申指双方态度都很强硬，如果“歇”去，也是不容易猜出来的；例③里的“白袍”是“白跑”的谐音，如果“歇”去，那就更难猜出来了。如果硬把后一部分“歇”去，听话的人就会提出问题，要求讲清楚。京剧《玉堂春》里就有这样一段对白：[①]

潘必正：二位大人，……司吏把他二人好有一比。

王金龙、刘秉义：比作何来？

潘必正：黄檗树下抚瑶琴。

王金龙、刘秉义：此话怎讲？

潘必正：苦中而取乐啊！

刘秉义：我把他二人也好有一比。

王金龙、潘必正：比作何来？

刘秉义：望乡台上摘牡丹。

王金龙、潘必正：此话怎讲？

刘秉义：至死他也忘不了贪花呀！

长篇小说《林海雪原》里也有这样一段对话：

“我早把咱们这一仗估计透了，座山雕碰上咱们小分队，就好比三十晚上咽了气。”

“此话怎讲？”刘勋苍知道老栾又来了疙瘩话。

①《中国唱片大戏考》，中国唱片厂编，上海文化出版社出版，1958年7月第55页。

“活不到来年初一。”（《林海雪原》323 页）

象这样的对白、对话在戏剧和小说里是屡见不鲜的，证明歇后语的后一部分并非“说出来不说出来并不重要”，在一般情况下，是非说出来不可的，否则，听话人就要问：“此话怎讲？”

其次，会发生歧义，甚至完全改变了意义。例如：

① “他呀！嘿，能文能武，文章写得很流畅，还会刻写一手好字。”编辑主任呵呵笑道：“人们都说他是张飞穿针——粗中有细哩！”（《烽火南天》332 页）

② 几句话，把个马连福说得张飞穿针——大眼瞪小眼，后脊背苏苏地冒凉气。（浩然《艳阳天》一卷 162 页）

③ 李锁龙凭着两手和肩膀，指挥水面配合，好容易地把铁销对准了洞孔，开始穿销。但是潜水员上不着水，下不着地，中间无依靠，全凭浮力，一使劲就东晃西摇，弄得李锁龙象张飞穿针——有劲无处使。（《水下尖兵》48 页）

以上三例，前一部分都是“张飞穿针”，后一部分分别作“粗中有细”“大眼瞪小眼”“有劲无处使”，如果把后一部分都“歇”去，就很难捉摸也无法区别它们的意义。又如：

① 看你！属老鼠的，眼睛看寸光。（《草原民兵》48 页）

② 我又不是属老鼠的，撂下爪子就忘。（浩然《艳阳天》1242 页）

③ 你……是属鼠的，胆不如米粒大。（《第一个春天》8 页）

④ 这个老自私咋属耗子的——记吃不记打？（《云燕》422 页）

以上四例，前一部分都是“属老鼠（鼠，耗子）的”，后一部分也各有不同说法，如果都“歇”去，不仅无法捉摸和区别它们的意义，而且很容易产生误会，以为真的是说一个人的属相。再如：

① 罗大牛狠狠挥动拳头，大声训斥着，弄得团丁个个丈二金刚——摸不着头脑，茫茫然不知所措。（《烽火南天》108页）

② 大伙抬头一看，可不是嘛！只见老政委手执一把开山镢，两鬓、眼角、嘴边、鼻子窝，浑身上下，同样满是黄沙。不知又是哪个小姑娘，嘴快地喊了句：“嘻！嘻嘻！老政委成了丈二金刚啦！”（书）

例①里的“丈二金刚——摸不着头脑”，指人晕头转向，没有了头绪，“丈二金刚”只起“引子”的作用；例②没有后一部分，“丈二金刚”成了喻体，意思也完全不同，后一部分“摸不着头脑”，想加也加不上去。

第三，会损害句子的完整性，使句子失去表情达意的功能。这在前后两部分之间插入其他语言成份，或后一部分被拆开中间插入其他语言成分时，表现得最为明显。例如：

① 现在是哑巴吃蚕豆——黎元洪心中有了数，他也慢慢地站起来，边擦眼泪边踌躇，口气不同了：“谁同你们造反？”（李六如《六十年的变迁》262页）

② 陈庆山不由得咧开大嘴笑了，说：“耗子啃皮球，你倒客（嗑）气起来啦！”（《咆哮的松花江》301页）

③ 合作社里一片嘈杂，老初的大嗓压倒所有的声音，他说：“这算什么合作社？这些家伙，布袋里买猫，尽抓咱们老百姓的迷糊。”（周立波《暴风骤雨》273页）

例①前后两部分之间插进了“黎元洪”；例②前后两部分之间插进了“你倒”；例③后一部分“尽抓迷糊”被拆开，中间插进“咱们老百姓”。在这种情况下，后一部分是无论如何不能“歇”去的，如果硬要“歇”去，不仅意思表达不清楚，连句子本身也不能成立了。

由此可见，所谓歇后语，其实并不“歇后”，也不能都“歇后”。当然，这并不是说歇后语绝对不能“歇后”，不过这是有条件的。常见的有两种情况：一是同一条歇后语上文已经出现，或下文紧接着就要出现，为了避免重复，省去后一部分。例如：

① 温十三妹周身痉挛，支吾道：“那，那就算我是小和尚念经——有口无心吧！还不行吗？”“不行！你得说清楚，到底是‘小和尚念经’，还是你十三妹造谣？”何畅乘胜追击，步步紧逼。（《霞岛》112 页）

② 张琦一听，心上麻辣火烧，忽然想起田贵发在县上开会时曾经向他说过的一句话：“这是赶着绵羊过火焰山——往死里逼哩。”便朝众人头上一挥胳膊，说：“我就不相信群众会真心同意你们干这种劳民伤财的事情！啊，你们大家说说，这是不是赶着羊群过火焰山？”……老根爷拦着张琦说：“我的话还没有跟你说尽。要说赶着羊群过火焰山的事，在咱这儿有！听说你和王主任三番五次逼着我们龙泉放秋放地，我看这才真真正正是存心赶着羊群过火焰山——往死里逼俺们贫下中农哩！”（《漳河春》481—482 页）

例①里“小和尚念经，有口无心”两次出现，第二次出现时省去了后一部分。例②里“赶着绵羊（羊群）过火焰山——往死里逼”四次出现，第二、三次出现时，因为上下文均已完整出现，所以都省去了后一部分。这样不仅不会引起误解，反而显得简练。

另一种情况，是常用的歇后语。这是最主要的条件。因为常用的歇后语，人们都很熟悉，一提前一部分，就自然联想起后一部分。例如：

① 你原是个老贫农，合森又是咱部队上干部，你来攻击社会主义政策，这不是“大水淹了龙王庙”吗！（李准《夜走骆驼岭》98页）

② 沈虹把拆到一半的毛线塞到枕头下面，负气地“啪”的一下拉熄了灯。她听到蒋英还在上面咕噜着：“真是狗咬吕洞宾……”（树棻《姑苏春》）

③ 山上的八路军可是正得手儿，直打得鬼子们“哇哇”乱喊，“噢噢儿”直叫，倒的倒了，爬的爬了，连死的带活的，“噗噗喽喽”地乱往下滚，可真是成了王八吃西瓜……。（刘流《烈火金钢》534页）

“大水淹了龙王庙——一家人不认识一家人”、“狗咬吕洞宾——不识好人心”、“王八吃西瓜——滚的滚、爬的爬”，都是常用的歇后语，为了表示含蓄，把后一部分省去，也同样能理解。

需要指出的是，这种情况并不是歇后语所特有。成语和谚语，特别是其中常用的，在一定条件下，也可以省去一部分。例如：

① 一个社员在集体分配的自留地上，在自己所有的房基

地上，在政策允许的范围内，充分利用土地增产粮食，获得亩产六百多斤的高产，这有什么可以责备的呢？把这叫做“合法”地走资本主义道路，这不明明是欲加之罪吗？（《人民日报》1978年5月22日）

② 马凤兰小声说：“刚才我大伯还让我劝劝你，不管怎么样，要留得青山在，你这不是糊涂啦！”（浩然《艳阳天》一卷547页）

③ 高桂英觉得心中阵阵酸痛，但竭力保持镇定，匆匆地说：“你不用挂心我，遇到危险时我自然会随机应变。好在一功他们平日都很听从我的话。只要大家齐心，总可化险为夷。千言万语我对你只嘱咐一句话：千万要保重自己！留得青山在……”（姚雪垠《李自成》一卷上册249页）

例①里“欲加之罪”可以看作是成语“欲加之罪，何患无辞”的“歇后”，例②、③里“留得青山在”可以看作是谚语“留得青山在，不怕没柴烧”的“歇后”。其他如“不入虎穴，焉得虎子”、“只许州官放火，不许百姓点灯”，“世上无难事，只怕有心人”、“各人自扫门前雪，莫管他人瓦上霜”等常用的成语、谚语，在类似的条件下，也都可以“歇后”。但是，谁都不会因此就认为它们是歇后语。所以，不论从哪个角度说，歇后语这个名称都没有准确地反映它所表示的语汇性质的基本特征。

歇后语这个名称还有一个缺点，就是容易同古人所说的歇后语相混淆。歇后语这个名称早就散见于古代的典籍，但所指并不一致。

一是指一种诗体。这种诗体在唐朝曾盛行一时，最有名的作家是郑綮，有“郑五歇后体”[1]之称。郑綮后来做了宰相，认为自己的诗不足登大雅之堂，有意不让它流传下来，所以真正的“郑五歇后体”我们看不到。不过，跟郑綮同时的一位诗人李涛却留下了一些歇后体诗。他弟弟结婚时，弟媳年龄比他还大，在一首贺诗里他写了这样两句：“惭无窦建，愧作梁山。”“窦建”后面歇去了“德”字，用“窦建”来代替“德”字；“梁山”后面歇去了“伯”字，用“梁山”来代替“伯”字。“惭无窦建，愧作梁山”就是“惭无德，愧作伯”的意思（见《全唐诗》八百七十一卷）。李涛把这首诗的题目叫做“答弟妇歇后语”，这是我们看到的最早用“歇后语”来指称这种诗体的语言形式。

其实，这种语言形式在杜甫、韩愈的诗里就已不止一次出现。南宋洪迈在《容斋诗话》（卷二，见商务印书馆民国25年12月版20页）里也把它叫做歇后语：

> 杜、韩二公作诗，或用歇后语，如：凄其望吕葛[2]，山鸟山花吾友于[3]，友于皆挺拔[4]，再接再砺乃[5]，僮仆诚自郐[6]，为汝惜居诸[7]，谁谓贻厥无基址[8]之类是已。

二是指一种“造语法”。金元代陈绎曾在《文说》中把“为文之法”归纳为“养气”、“抱题”、“明体”、“分间”、

---

①见《新唐书》卷一百八十二，《旧唐书》卷一百七十九。

②见杜甫《晚登瀼上堂》：“凄其望吕葛，不复梦周孔！”

③见杜甫《岳麓山道林二寺行》：“一重一掩吾肺腑，山鸟山花吾友于。”“山”，一作“仙”；“吾”一作“共”。

④见杜甫《奉赠太常张卿垍二十韵》：“友于皆挺拔，公望各端倪。”

⑤见韩愈《斗鸡联句》：“一喷一醒然，再接再砺乃。”

⑥见韩愈《秋雨联句》：“吾人犹在陈，僮仆诚自郐。”

⑦见韩愈《符读书城南》：“岂不旦夕念，为尔惜居诸。”

⑧见韩愈《寄卢仝》：“苗裔当蒙十世宥，谁谓贻厥无基址。”“谁”，一作“岂”；“址”，一作“阯”。

"立意"、"用事"、"造语"、"下字"八种，在"造语法"下面专列了"歇后语"条：[①]

歇后语：《论语》云："礼云礼云，玉帛云乎哉？""曾谓泰山不如林放乎？"此皆不说破正意歇后所当语，而使人自思之。

这实际上相当于我们现在所说的反问句式，故意提出问题，不作正面解答，让读者自己去思考答案。

三是指一种语言游戏。清代翟灏《通俗编》卷三十八《识余》在"歇后"条下有这样一段记载：

《启颜录》唐封抱一任栎阳尉，有客过之，既短，又患眼及鼻塞，乃用千字文语嘲之云："面作天地玄，鼻有雁门紫，既无左达承，何劳罔谈彼。"

《千字文》里有"天地玄黄"、"雁门紫塞"、"左达承明"、"罔谈彼短"。这里故意歇去末一字，用前三字代替，以嘲笑客人"面作黄，鼻有塞，既无明，何劳短"。

清代褚人获在《坚瓠二集》（卷一）里也有一段记载：

吴中黄生相掀唇，人呼为"小黄窍嘴"。读书某寺中。一日，寺僧进面，因热伤手忒地，黄作歇后语谑之曰："光头滑，光头浪，光头练，光头勒。"谓"面汤抻忒"也。僧亦应声戏曰："七大八，七青八，七孔八，七张八。"盖隐"小黄窍嘴"四字。黄亦绝倒。

这是把四字格成语的末一字歇去，用前三字来代替。类似这种形式的歇后语，现在也偶尔使用，如用"高抬贵"来代替"手"，

---

①转引自郑奠、谭全基编《古汉语修辞学资料汇编》，商务印书馆，1980年版317页。

用“下马威”来代替“风”，用“猪头三”来代替“牲”（谐“生”）等等。

这三种歇后语，同我们现在所说的“泥菩萨过江——自身难保”这类歇后语，在性质上根本不同。我们现在所说的这类歇后语，虽然早已存在，但古时并没有统一的名称，有的把它叫做“俏语”，有的把它叫做“方语”，有的把它归入“市语”，但更多的是把它统称为谣谚。清代杜文澜编的《古谣谚》里就收入了许多这一类歇后语。后来，随着民俗文学收集工作的开展，“泥菩萨过江——自身难保”这种语汇才逐渐为人们所重视。一九二四年发表在《歌谣周刊》（四十四号）上的白启明的《采辑歌谣所宜兼收的——歇后语》一文，开始明确地把这种语汇叫做“歇后语”。同年发表的傅振伦的《谜语歇后语研究之一斑》，也把这种语汇叫做“歇后语”。

由于歇后语这个名称既不能反映它所表示的语汇的本质特征，又容易和古人所说的歇后语相混淆，所以，早在本世纪三十年代，就有人认为“泥菩萨过江——自身难保”这类语汇和“一般所谓的‘歇后语’是不同的”①，是“不好叫做歇后语”②的。一九五四年，茅盾先生在《关于“歇后语”》一文里，也主张我们现在所说的这一类歇后语“应当有一个另外的名称”。③

下面，我们来讨论“譬解语”这个名称。

早在一九三五年，就有人主张把歇后语叫做“譬解语”。④

---

①见《太白》半月刊2卷6期（1935年）。

②见《太白》半月刊2卷10期（1935年）。

③见《人民文学》1954年6月号。

④见《太白》半月刊2卷10期（1935）。

一九五二年发表在《大公报》上的《谈"譬解语"》一文，也认为把歇后语称作譬解语"较为贴切"[①]。陈望道先生在《修辞学发凡》中讲到"藏词"时也曾经用过譬解语这个名称。还有许多论著虽然没有明确把歇后语叫做譬解语，但也认为歇后语是由"譬"和"解"两截构成的：上截是"譬"，下截是"解"[②]。这种主张和见解，虽然不无可取之处，但总的说来，也是需要商榷的。

应当肯定，确实有相当一部分歇后语在进入句子以后，也就是作为动态单位处于使用阶段的时候，前一部分起着喻体的作用。在这种情况下，前后两部分之间存在着譬解关系。例如：

① 宁金山一看马全有那两只眼角朝下的眼，以为马全有冲他发火。他心里象十五只吊桶打水，七上八下的。（杜鹏程《保卫延安》41页）

② 蔡队长，请放心，在这种时刻，我是没有兴致喝酒的。你干的事，好比和尚头上的虱子，明摆着！（邱恒聪《狂飙》408页）

③ 我看这是"黄鼠狼给鸡拜年"，没安好心，也许把钱花了，人还是回不来！（张孟良《儿女风尘记》230页）

例①"他心里"是本体，"象"是比喻词，"十五只吊桶打水"是喻体，"七上八下"是对喻体的解释。例②与例①相同，只是把比喻词换成"好比"。例③把比喻词换成"是"。

但是，部分并不是全体。不是所有的歇后语用于句中，前

---

①见《大公报》1952年3月26日第6版。

②见《修辞学发凡》新文艺出版社1955年，163页。

后两部分都存在譬解关系。下面几种类型的歇后语，前后两部分就都不存在譬解关系。

1. 前一部分表示计数或用析字法的。例如：

① 这一个月的差事还算少，季交恕名下，只填上四个正字，每个正字五画，合共做了“五四得二十”回。其中叶得胜竟替他做了“二一添作五”——一半。（李六如《六十年的变迁》154页）

② 恐怕有人要问：“四人帮”倒台三年，张寡妇还如此“二三四五六七八九——缺一（衣）少十（食）”，简直难以置信！（《小说月报》1981年2期74页）

③ 我忙问道：“赵满囤现在怎么样？”“赵满囤？七字两点，斗（抖）出弯来了，如今是社里的水利委员，干得满不错。”（马烽《我的第一个上级》129页）

例①里的“二一添作五”是珠算除法的一句口诀，表示1÷2=0.5，它的存在是为了从中引出“一半”，没有丝毫比喻作用。例②里的“二三四五六七八九”纯系数字罗列，是为了从中引出“缺一少十”，同样不起比喻作用。例③里的“七字两点”又作“七字头上加两点”，它比“斗”字多了一个弯儿，从而引出后半部“斗出弯来”，它也不起什么比喻作用。

2. 后一部分运用双关手法的。如：

① 韩老六赶紧抓住田万顺的胆小心情，把假笑收住，冷冷地说：“你要有本事，就甭听我的话，去跟工作队串鼻子，咱们骑在毛驴上看唱本，走着瞧吧！”（周立波《暴风骤雨》19页）

② 田发贵……说：“怎弄？就我夜来（夜来：指昨天）给

你说的那话，咱不能剃头担子一头热。光咱单要独跳，所以到现在啥局面也没有扑腾开。……”（《漳河春》248页）

③ 马铁头拿起枝美国枪，上上下下端量着。……咧着嘴说：“这行子啊，老太太赶集，有线（限）！”（杨朔《中国人民的脚步声》181页）

例①里“走着瞧”运用意义上的双关，表面上是边走边瞧的意思，实际上指事情的结局如何以后再见分晓。前一部分“骑在毛驴上看唱本”能不能认为是比喻呢？不能，因为既说不出被比喻的对象（本体），也加不上“象”“好象”一类的比喻词。例②里的“一头热”，原指农村和小城镇里挑着担子为顾客流动服务的理发师傅，担子的一头有烧水用的火盆，是热的；实际上是指当事的双方，只一方有热情。前一部分“剃头挑子”同样说不出比喻的对象（本体），也加不上比喻词，所以也不起比喻作用。例③里的“有线（限）”是运用谐音双关，前一部分“老太太赶集”更不象比喻。

3. 前后两部分之间存在类似谜面和谜底关系的。例如：

① 开饭了，瓦盆里是黄澄澄的米饭。教导员笑着说：“这是大米的弟弟——小米。”（《红色电波》116页）

② 二小子马上说：“你学过‘不劳动，不得食’么？你一条鱼也没打过，好意思蹲在这儿，嘴上抹石灰——白吃？”（袁静《小黑马的故事》65页）

③ 他争强好胜，为了比别人“强”和“胜”，在工作和学习中，就常常是急于求成，总免不了“百年松树，五月芭蕉——粗枝大叶”的。（《原林深处》上436页）

例①里，“大米的弟弟”象谜面，“小米”象谜底，“大米的弟弟”只和“小米”发生关系，不同其他词语发生关系，也就谈不上起什么比喻作用。例②、③里的“嘴上抹石灰”“百年松树，五月芭蕉”也是一样，除了分别和后一部分“白吃”“粗枝大叶”发生关系外，不与其他词语发生什么关系，所以也都谈不上起比喻作用。

另外，还有一类歇后语，前后两个部分合起来表示比喻。例如：

① 我又不是“隋炀皇帝游江南，自坐龙舟人拉纤”，活生生的人，去坐在乡下，社会主义能建成吗？（《一九五八年短篇小说选》447页）

② 也有不少人替我捏一把汗，说我是“肚皮上栽桦树，种下隐木疙瘩了（记下仇了）”。（《人民日报》1978年6月19日）

例①里，“隋炀皇帝游江南”和“自坐龙舟人拉纤”合起来表示比喻，但重点是“自坐龙舟人拉纤”，它的“解”——“别人劳动，自己享受”隐去。例②里，“肚皮上栽桦树”和“种下隐木疙瘩”合起来表示比喻，重点也在后一部分，它的“解”附在后面括弧里。如果说这里也有譬解关系，那它并不发生在歇后语的前后两部分之间。

以上种种情况表明，即使进入句子，歇后语的前后两部分之间也并不都存在譬解关系。那末，歇后语未进入句子，也就是作为静态单位处于备用阶段的时候，或者说作为语汇形式存在的时候，情况又是怎样呢？

大家知道，比喻一般是由本体、比喻词、喻体组成的。本体和比喻词在一定条件下可以省去，但是省去并不等于本来就不存在。如果连本体都不存在，怎么能谈得上什么比喻呢？例如：

很短的时间内，将有几万万农民从中国中部、南部和北部各省起来，其势如暴风骤雨，迅猛异常，无论什么大的力量都将压抑不住。（毛泽东《湖南农民运动考察报告》）

在这个句子里，“其势”是本体，“如”是比喻词，“暴风骤雨”是喻体，“迅猛异常”是对喻体的解释，“暴风骤雨”和“迅猛异常”之间存在着譬解关系。如果本体、比喻词等都不存在，只剩下“暴风骤雨，迅猛异常”，能断定“暴风骤雨”是喻体吗？能说“暴风骤雨”和“迅猛异常”是譬解关系吗？显然不能。同样的道理，在“她这次来，十有八九是黄鼠狼给鸡拜年，没安好心”这个句子里，“她这次来”是本体，“是”是比喻词，“黄鼠狼给鸡拜年”是喻体，“没安好心”是对喻体的解释，“黄鼠狼给鸡拜年”和“没安好心”之间存在譬解关系。如果本体和比喻词都不存在，只剩下“黄鼠狼给鸡拜年，没安好心”，“黄鼠狼给鸡拜年”就无从起比喻作用，它和“没安好心”之间，也无所谓譬解关系可言。这说明，当歇后语作为语汇形式存在的时候，前后两部分之间是谈不上什么譬解关系的。所有的歇后语都是这样，无一例外。

由于譬解关系未能反映歇后语内部关系的基本特征，所以“譬解语”这个名称也站不住脚。

那么，歇后语前后两个部分之间究竟是什么关系呢？应该给它起一个什么名称才合适呢？我们先后观察和分析了六千多条歇后语，其中包括四千多条散见于文学作品和报刊的用例，在歇后语前后两部分关系方面得出这样一个结论：凡是歇后语，意义的重点都在后一部分，即后一部分表示整个歇后语的基本意义；前一部分除了表示某种附加意义之外，主要是起“引子”的作用，从中“引”出后一部分。为什么“高射炮打蚊子——大材小用”，也可以说成“电线杆当筷子——大材小用”、“顶门杠当针使——大材小用”、“被面补袜子——大材小用”呢？就是因为“电线杆当筷子”、“顶门杠当针使”、“被面补袜子”，和“高射炮打蚊子”一样，都可以“引”出“大材小用”来。为什么有“张飞穿针——粗中有细”，又有“张飞穿针——大眼瞪小眼”、“张飞穿针——有劲无处使”呢？就是因为从“张飞穿针”中，既可以“引”出“粗中有细”，又可以“引”出“大眼瞪小眼”、“有劲无处使”。歇后语的后一部分既然是从前一部分引申出来的，自然就含有对前一部分注释、说明的作用，如“大材小用”是对“高射炮打蚊子”，“电线杆当筷子”、“顶门杠当针使”、“被面补袜子”等的注释、说明；“粗中有细”、“大眼瞪小眼”、“有劲无处使”等，是对“张飞穿针”的注释、说明。所以，歇后语前后两部分的关系可以概括为“引子”和“注释”的关系，简称为“引注关系”。引注关系才是歇后语内部关系的基本特征，其它关系包括譬解关系在内，都是从这个基本关系派生出来的，或者是它在某种语言环境中的具体表现。

引注关系既然是歇后语内部关系的基本特征，便自然成为鉴别某种语言形式是不是歇后语的最重要的依据。在汉语里，容易同歇后语发生混淆的是成语和谚语，其实，它们和歇后语之间的界限是清楚的。拿成语来说，多数是四字格；拿谚语来说，有不少是一句话，在形式上与歇后语有明显区别，这些自不必多说。可是，也有一些成语、谚语，如“兼听则明，偏听则暗”、“欲加之罪，何患无辞”、“宁可身冷，不可心寒”、“留得青山在，不怕没柴烧”等，是由两个部分组成的，在某种条件下后一部分也可以“歇”去。为什么不把它们看作歇后语呢？就是因为它们前后两部分之间，或者是并列关系（兼听则明，偏听则暗），或者是假设关系（欲加之罪，何患无辞），或者是选择关系（宁可身冷，不可心寒），或者是条件关系（留得青山在，不怕没柴烧），都不是引注关系。当然，成语、谚语和歇后语之间也不是毫无相通之处。在一定条件下，成语和谚语可以转化为歇后语。例如，成语“逆水行舟”之后加上“不进则退”，“画蛇添足”之后加上“多此一举”，谚语“三个秀才讲书，三个屠户讲猪”之后加上“各有各的一套”，就都转化为歇后语，因为加上之后，前后就分别产生了引注关系。然而，并不是所有成语、谚语都可以转化为歇后语，象“因地制宜”、“同甘共苦”、“巧媳妇难做无米之炊”、“不怕不识货，只怕货比货”等大多数成语、谚语是不可能转化为歇后语的，因为从中“引”不出注释、说明来。

正是由于引注关系是歇后语内部关系的基本特征，所以我们主张把歇后语改称为“引注语”。但是，改名毕竟不是一件轻而易举的事情，这里确实有一个习惯的问题，考虑到这个问题，我们暂时还是用歇后语这个名称。

歇后语除了上述的基本特征外，还有两点值得注意。一点是有相对固定的结构。在这一点上，它同成语、谚语一样，属于熟语。也正是在这一点上，它区别于一般的比喻。例如：

① ……我老梅就再不会是玻璃罩里的苍蝇——前途光明无出路了。(《广大的战线》159 页)

② 我好比隔着玻璃向外飞的虫鸟儿，眼看到外面明朗的天，头碰的生疼也出不去。(李英儒《野火春风斗古城》36 页)

例①里“玻璃罩里的苍蝇——前途光明无出路”和例②里“隔着玻璃向外飞的虫鸟儿，眼看到外面明朗的天，头碰的生疼也出不去”，所表达的意思差不多，为什么人们把前者看作是歇后语，而把后者看作是一般的比喻呢？就是因为前者结构相对固定，成为熟语，后者结构不固定，是临时组合起来的。

再一点是保持着口语的特色，这使它同成语区别开来。成语虽然也有从口语里来的，但总的来说，书面性比较强，歇后语虽然也有从历史典故来的，有的甚至就是在成语的基础上产生的，但总的来说，口语性比较强。试比较：

① 说梁先生对于农民问题的见解比共产党还高明，有谁相信呢？班门弄斧。(《毛泽东选集》第五卷 111 页)

② 幸而因“诗孩”而联想到诗，但不幸而我于诗又偏是外行，倘讲些什么“义法”之流，岂非“鲁班门前掉大斧”。(《鲁迅全集》第七卷 620 页;《集外集拾遗》:《诗歌之敌》)

例①里的“班门弄斧”和例②里的“鲁班门前掉大斧”意思一样，都由来已久，早就见于宋元的典籍。人们习惯上把“班门弄斧”看作是成语，而把“鲁班门前掉大斧”看作是省去后一部分的歇后语，原因就是后者保持着口语的特色。类似的还有“孔夫子门前念四书”、“关公门前耍大刀”，后面都可以加上“献丑”二字作为注释。

综合上面对歇后语性质的分析，我们可以给它下这样的定义：歇后语是汉语中由含有引注关系的两个部分组成的、结构相对固定的、具有口语特色的熟语。

二、歇后语的来源

歇后语的来源，涉及两个相互关联的问题，即歇后语这种语言形式是怎样产生的？是谁创造的？

歇后语这种语言形式是怎样产生的呢？过去的说法很不一致，比较有代表性的是下面两种说法。

一种认为，歇后语是从“自注格谚语”发展来的。一九三五年发表在《太白》半月刊上的一篇题为《歇后语》的文章说：“歇后语其实是谚语中一个特殊发展的形式。我们知道谚语有种种的格式。其中最普通的是‘比喻’。……歇后语就是比喻法的特殊发展。”作者认为“比喻式”谚语中有一种“于隐喻之后”接着“注明喻意”的“自注格谚语”，象“豆腐刀，两面光”，如果把这种“自注格谚语”中间的“顿读的语气”延长，譬如把“豆腐刀，两面光”说成“豆腐刀——两面光”，就变成了歇后语。所以，他说“歇后语是自注格谚语的特殊发展”，“先有自注格谚语，然后产生歇后语”。

这种说法有它正确的部分，在歇后语没有专门的名称之前，一向被认为是谚语的一种。从这个意义上说，可以认为它是“谚语中一个特殊发展形式”。但是，把歇后语说成是“自注格谚语的特殊发展”，却不妥。这是因为所谓“自注格谚语”，就是前后两个部分发生引注关系的“谚语”，就是我们所说的歇后语。说法不同，实质上所指的是同一种语言现象，怎么能说得上哪个产生在先，哪个产生在后，哪个是由哪个发展变化来的呢？

拿前后两个部分之间“顿读的语气”的长短，作为区别“自注格谚语”和歇后语的标志，是明显靠不住的。事实上，歇后语前后两个部分之间的停顿，可长可短。中间用不用标点符号，用什么标点符号，并没有硬性的规定。例如：

① 这个队长有什么当头！亏不少吃，罪不少受，骂不少挨，家里外边不成样子，猪八戒照镜子里外不是人。（浩然《艳阳天》一卷152页）

② 我来了敢是享了你家什么清福了？伺候上老不死的病人，小不懂事的闺女，外头又挨上农业社的批评，我这倒成了猪八戒照镜子，里外不是人啦！（胡正《汾水长流》235页）

③ 这些天，照老主任自己的话说，因为高金凤顶了张县长，“闯”下这场乱子，他夹在中间，也快成了猪八戒照镜子——里外不是人。（《漳河春》85页）

同是“猪八戒照镜子——里外不是人”，在例①里，前后两部分之间不加标点符号，在例②里加逗号，在例③里加破折号。我们能据此就说它们是性质不同的语言形式吗？就能说前二者是“自注格谚语”，后者是歇后语，而后者是从前者发展而来的吗？显然不能。我们只能说它们是同一种语言形式，只不过在不同的语言环境中，前后两部分之间的停顿语气可短可长而已。“豆腐刀，两面光”，也是这种情况，不论中间加逗号或破折号，还是不加标点符号，都改变不了前后两部分之间的引注关系，所以都是歇后语。把歇后语说成是从“自注格谚语”发展来的，等于说歇后语是从歇后语发展来的，没有回答问题的实质。

另一种说法，认为歇后语是从“本来的或‘正规’的歇后语”发展变化来的。茅盾先生在《关于“歇后语”》一文里，把歇后语的发展分为三个阶段：最先出现的是“本来的或‘正规’的歇后语”，如“友于兄弟”歇掉了后面的“兄弟”二字，用前面的“友于”二字来代替“兄弟”，又如“牛头马面”歇去“面”字，只说“牛头马”，用以代替“面”字；然后出现的是“转弯抹角的比较复杂”的歇后语，例如“外甥打灯笼——照舅（旧）”“乡下人不识桂圆——外黄（行）”等；最后才产生“最复杂”的歇后语，如“泥菩萨过江——自身难保”一类。显然，茅盾先生所说的“本来的或‘正规’的歇后语”，就是前文提到的歇后诗体和纯语言游戏的歇后语，他所说的“比较复杂”和“最复杂”的歇后语，分别相当于我们所说的谐音性和非谐音性的歇后语。

陈望道先生在《修辞学发凡》“藏词”一节里，把茅盾先生所说的“本来的或‘正规’的歇后语”，叫做“原来的歇后语”，把茅盾先生所说的“比较复杂”和“最复杂”的歇后语，叫做“新兴的歇后语”。他认为，这种“新兴的歇后语”，“实际”是“原来的歇后语”的“发展现象”。陈望道先生虽然没有讲到谐音性歇后语和非谐音性歇后语产生的先后问题，但在歇后语是从“原来的”“本来的或‘正规’的歇后语”发展演变来的这一点上，是同茅盾先生的说法相一致的。后来，许多关于歇后语的论著，在谈到歇后语的来源时都采取了这种说法。

这种说法，很可能是受了“歇后语”这个名称的影响：既然它们名称相同，就自然有内在的继承关系。这是把复杂的语言现象简单化了。

所谓“原来的”“本来的或‘正规’的”歇后语，是以成语为基础构成的。以《后汉书·史弼传》里的“陛下隆于友于”，陶渊明诗里的“再喜见友于”和杜甫诗里的“山鸟山花皆友于”里的“友于”为例，它的特点是：(1)原来必须是一个为当时读书人所共同熟悉的几部古书中的成语，如“友于”出自《书经·君陈》的“友于兄弟”；(2)必须把原来成语后面的一两个字“歇”去，如“友于兄弟”歇去后面“兄弟”二字；(3)用前面写出来的部分来代替歇去的部分，如以“友于”代“兄弟”，“陛下隆于友于”就是“陛下隆于兄弟(之情)”的意思，同样，“再喜见友于”、“山鸟山花皆友于”就是“再喜见兄弟”、“山鸟山花皆兄弟”的意思，这些特点和我们现在所说的歇后语毫无相通之处。前面说过，我们现在所说的歇后语是以前后两个组成部分存在引注关系为基本特征的，后一部分并不“歇”去，也不能都“歇”去。很难设想，这样两种性质上根本不同的语言形式会有什么继承关系。至于从“原来的”歇后语演变而来的纯语言游戏式的歇后语，如把“面”说成“牛头马”，把“马”说成“青梅竹”，把“风”说成“下马威”等，和我们现在所说的歇后语更是风马牛不相及，没有根据能证明，我们现在所说的歇后语是从这种歇后语发展演变而来的。

那么，我们现在所说的歇后语究竟是怎样产生的呢？清翟灏《通俗编》卷三十八《识余·风人》里有这样的论述：

> 六朝乐府《子夜》《读曲》等歌，语多双关借意，唐人谓之风人体，以本风俗之言也。如：“理丝入残机，何患不成匹？”“攤门不安横，无复相关意。”“黄檗向春心，苦心随

日长。”“打金侧瑇瑁，外艳里怀薄。”“玉作弹棋局，心中最不平。”“蚊子叮铁牛，无渠下嘴处。”“玲珑骰子安红豆，入骨相思知也无。”“合欢桃核真堪恨，里许元来别有人。”皆上句借引他语，下句中释本意。今市俗有等谚语，如云：“释钩打钉，曳直。”“黄花女儿做媒，自身难保。”“黄檗树下弹琴，苦中作乐。”“火烧眉毛，且顾眼下。”“云端里放辔头，露出马脚。”“哑子吃黄连，说不出底苦。”乃其遗风。

又，风人之体，但取音同，不论字异。如：“雾露隐芙蓉，见莲不分明。”以“莲”为“怜”也。“桐树生门前，出入见梧子。”以“梧”为“吾”也。“朝看暮牛迹，知是宿蹄痕。”以“蹄”为“啼”也。“石阙生口中，衔碑不得语。”以“碑”为“悲”也。……今谚亦然，如云：“火烧旗竿，好长叹。”“月下提灯，虚挂名。”“船家烧纸，为何？”“墙头种菜，没缘。”“外甥打灯笼，照旧。”“石臼里舂夜叉，祷鬼。”“堂前挂草荐，不是话。”“吕布跌下井，使不得急。”以“炭”为“叹”，“明”为“名”，“河”为“何”，“园”为“缘”，“舅”为“旧”，“捣”为“祷”，“画”为“话”，“戟”为“急”。体应如是，不嫌其谬悠也。

这两段话，清楚地表明，不论是非谐音性的歇后语，还是谐音性的歇后语，翟灏都认为是风人诗体的“遗风”。翟灏以后持类似看法的也不乏其人，如一九三七年发表在（北平）《世界日报》上的一篇题为《歇后语杂谈》的文章，也把歇后语与风人诗体联系起来，认为“风人”是“歇后语的雅号”。

关于风人体，南宋诗论家有过许多解说。严羽在《沧浪诗话》里说：“论杂体则有风人，上句述其语，下句释其义。”葛立方在《葛常之诗话》（卷四）里，把这种诗体的特点概括为“以下句释上句”。这些解说，和翟灏所说的“上句借用他语，下句申释本意”是一致的，是互为补充的。

这种“以下句释上句”、“上句述其语，下句释其义”、“上句借用他语，下句申释本意”的风人体，同我们现在所说的前“引”后“注”的歇后语，从形式上看，完全是一脉相承的：风人体的上句，相当于歇后语的“引子”，风人体的下句，相当于歇后语的“注释”。从这一点上说，风人体可以看作是歇后语的诗歌形式。

但是，风人体并不就是歇后语，这是因为风人体的上句和下句是根据表达上的需要临时组合起来的，没有形成相对固定的结构。可是，风人诗句一经流行，就有可能成为歇后语，如“东边日出西边雨，道是无晴还有晴”（唐刘禹锡《竹枝词》，“晴”谐“情”），已经成了习用的歇后语。

洪迈《容斋三笔》（卷十六）在评论风人诗的艺术特色时说：“自齐梁以来，诗人作乐府子夜、四时歌之类，每以前句比兴引喻，而后句实言以证之。”歇后语作为语汇形式存在的时候，前后两个部分并不存在譬解关系，但当运用于句子里时，有不少歇后语前一部分相当于“比”，这在前面已经讨论过。还有许多歇后语用于句子里，前一部分虽然不是“比”，但相当于“兴”（这在后面还要具体地讲）。由此，我们推论，歇后语和风人体一样，是从“比兴引喻”发展变化而来的。

当然，“比兴引喻”本身并不是歇后语。它成为歇后语，有个演变过程：第一，要有一个明确的注释，和“比兴引喻”构成引注关系；第二，这种前引后注的语言形式经过流传，在结构上相对固定化，成为一种“熟语”。由此而产生的歇后语，最初自然是流行于群众口语之中，后来才逐渐被吸收到书面语里来。现在我们看到的古代典籍对于歇后语的最早记载，是《战国策·楚策》里的一段话：

> 庄辛至。襄王曰：“寡人不能用先生之言，今事至于此，为之奈何？”庄辛对曰：“臣闻鄙语曰：‘见兔而顾犬，未为晚也；亡羊而补牢，未为迟也。’臣闻昔汤、武以百里昌，桀、纣以天下亡。今楚国虽小，绝长续短，犹以数千里，岂特百里哉？”

“见兔而顾犬，未为晚也”和“亡羊而补牢，未为迟也”，无疑就是我们现在所说的歇后语。“见兔而顾犬”和“亡羊而补牢”仍然保存着“比兴引喻”的色彩，分别同后面的“未为晚也”、“未为迟也”构成引注关系。文中明确指出是“鄙语”，说明它们已经在群众口头流传形成了相对固定的结构。《战国策》是战国时游说之士的策谋和言论的汇编，为西汉末年学者刘向所辑。这表明，早在两千年之前，汉语里就已经存在前引后注的歇后语这种语言形式。不过，记载在典籍里的为数很少，这是可以理解的，因为歇后语在当时既然被视为“鄙语”，当然不可能为文人学士所大量引用。

歇后语大量出现在书面语里，是在金元杂剧兴起之后。杂剧的作者大半是接近人民群众的下层知识分子，他们比较熟悉群众的生活和语言，加上杂剧语言本身的口语化，这就使杂剧得以更多地从民间吸收歇后语，有的甚至整篇整段地运用歇后语，如杜仁杰的《耍孩儿·喻情》[①]：

---

①文中的着重号和括号里的谐音字系引者所加。

〔耍孩儿〕我当初不合鬼擘口，和你言盟誓，惹得你鬼病厌厌挂体。鬼相扑不曾使甚养家钱，鬼厮赴刁蹬的心灰。若是携得歌妓家中去，便是袖得春风马上归。司狱司蹬努，劳神力，望梅止渴，画饼充饥。〔哨遍〕铁毬儿漾在江心内，实指望团圆到底。失群孤雁往南飞，比目鱼永不分离。王屠倒脏牵肠肚；毛宝心毒不放龟（归）。老母狗跳墙，做得个抉势。把我做扑灯蛾相戏，掉水燕双飞。

〔五煞〕腊月里桑，采甚的？肚脐里爆豆实心儿退。木猫儿守窟，瞧他甚？泥狗儿看家，守甚嘿？天长观里看水，庵（腌）相识，济元庙里口愿，把我抛持。

〔四煞〕唐三藏立墓铭，空费了碑（悲）；闲槽场里�酒，无巴避；悲天院里下象，无钱递。左右司蒸糕，省做媒（煤）；蓼儿窪里太庙，乾不济。郑元和在曲江边担土，闲话儿把咱埴持。

〔三煞〕泥捏的山，不信是石（实），相扑汉卖药，干陪了擂（累）。镜台前照面，你是你。警巡院倒了墙，贼见贼。大虫窝里蒿草，无人刈（仁义）。看山瞎汉，不下高低。

〔二煞〕小蛮婆看染红，担（单）是非（绯）；张果老切鲙，先施鲤（礼）。布博士踏鬼，随机而变，囊大姐传神，反了面皮。沙三烧肉，牛心儿炙（窄）；没梁的水桶，挂口休提。

〔一煞〕秦始皇鞋，无道履（理），绵带子拴腿，无绳系（诚意）；开花仙藏撅，过瞒得你。街道司衙门，谎得过谁？尉迟恭捣米，胡支对。蜂窝儿呵欠，口口是虚脾。

〔尾〕楮树下梯，要摘梨（拆离）。藏瓶中灰骨，是个不自由的鬼。谷地里瓜儿，单单的记着你。[1]

在文学作品里这样连篇累牍地运用歇后语，要不是当时歇后语在口语中非常盛行，那是不可能的。杜仁杰，字仲梁，号善甫。朱经《青楼集序》说他是“金之遗民”。这说明在金元时代，歇后语就已盛行。

大家知道，语言的演变是采取渐变的方式进行的。一种语言形式的产生和变化，要经过相当长的时期。歇后语在金元时代既已这样盛行，那它在唐宋时代已大量存在，是肯定无疑的。由此我们可以确信，唐李义山编的《杂纂》、宋王君玉编的《杂纂》续辑，和苏子瞻的二续《杂纂》，都是当时流行的歇后语的汇编。不过，他们所采用的体例和我们现在的歇后语汇编不同。最明显的，它们都是以“注”为纲来编排的，如：

不相称：病医人　瘦人相扑　屠家念经

不快意：钝刀切物　破帆使风　树阴遮景致

杀风景：花架下养鸡鸭　游春重载　看花泪下

（以上见李义山《杂纂》）

自做得：木匠带枷　铁匠披锁

又爱又怕：小儿放纸炮　狗吃热肉　小儿看杂剧

不识好恶：岸上看人溺水　失火处说好看

（以上见王君玉续辑《杂纂》）

未足信：媒人夸儿女　敌国讲和　卖物人索价说咒

改不得：生来劣相　偷食猫儿

说不得：哑子做梦　贼被狗咬

（以上见苏子瞻续纂《杂纂》）

---

①见《四部丛刊》本《朝野新声太平乐府》卷九。

这种一“注”多“引”的现象，现在也很常见，如“一场空”，就有“竹篮打水”、“水中捞月”、“梦中娶媳妇”等；“出力不讨好”，就有“演戏顶石臼”、“猪八戒端盘子”、“老公公背儿媳妇过河”等。应当指出，《杂纂》里收集的并不都是歇后语，如李义山《杂纂》“教子”条下列的“习祖业”、“立言不回”、“知礼义廉耻”等，说的是当时教子的办法和要求，它们和“教子”并不存在引注关系，显然不是歇后语。这说明对《杂纂》的内容要作具体分析，但不能由此而否定当时歇后语的大量存在。

基于上述分析，我们确认歇后语这种语言形式是早已存在的，并不是“新兴”的。如果说，“原来的”“本来的或‘正规’的”歇后语，以《后汉书·史弼传》里“陛下隆于友于”和《昭明文选》曹植《求通亲亲表》里“今之否隔，友于同忧”中的“友于”为最早的话，那么，我们现在所说的歇后语早在此之前几百年就已经存在了，这也是我们现在所说的歇后语，不是从“原来的”“本来的或‘正规’的”歇后语发展变化来的一个证明。

至于谐音性歇后语和非谐音性歇后语产生的先后问题，那是比较容易解决的。茅盾先生认为先有谐音性歇后语，然后产生非谐音性歇后语。有的人不同意这个意见，认为非谐音性歇后语并不比谐音性歇后语“更复杂”，所以“不一定是最后产生的”[1]。其实，谐音双关是汉语由来已久的一种传统修辞手法，南北朝民歌中就已大量运用。谐音性歇后语和非谐音性歇后语，实际上是同时产生的，很难区分先后。

我们既已确认歇后语同风人体一样，是从《国风》的“比兴引喻”发展变化来的，那么，对这种语言形式是谁创造的问题，

---

① 见《关于歇后语的几点意见》，《中国语文》1955 年第 1 期。

便不难回答。如果说，“原来的”“本来的或‘正规’的”歇后语，来源于“古书中的成语”，为文人所创作，那么，我们现在所说的前引后注的歇后语则来源于民间的口头熟语，为广大群众所创作。

我们说歇后语来自民间，为广大群众所创作，还有以下几点可以证明。

第一，从对歇后语的称呼上看，古代史书除称它为“鄙语”外，还常用“谚”、“谣”等，后来一些文人笔记也称它为“谚语”、“俗谚”、“俚谚”、“鄙谚”等。《西游记》、《镜花缘》等明清小说常称它为“俗语”，如：

① 八戒道：“这正是俗语云：‘大海翻了豆腐船，汤里来，水里去。’如今难得他扇子，如何保得师父过山？且回去，转路走他娘罢！”（《西游记》第61回701页）

② 行者笑道：“该与不该，烦为引奏引奏，看老孙的人情如何。”葛仙翁道：“俗语云：‘苍蝇包网儿，好大面皮！’”（《西游记》第87回991页）

③ 大盗笑道：“他这礼物虽觉微末，俗语说的：‘千里送鹅毛，礼轻人意重。’只好备个领谢帖儿，权且收了。……”（《镜花缘》第50回368页）

现代小说中，除了上述叫法外，还把它叫做“俗话”、“常言”、“家常话”、“农家俚语”等，例如：

① 吴天宝搔搔后脑瓜子笑道：“你那爹呀，可是俗话说的，铁板钉钢钉，硬到家啦。……”（杨朔《三千里江山》13页）

② 东庄游击组一个个手痒痒的，催着吃罢饭，纷纷背枪

上山。常言说:“疯狗过街,处处叫打!”人家打起来了,还稳得住?(《我们是不同的》75页)

③ 她千补万纳的,正在对搭自己的一件破夹袄,头不抬地说:“哟,俺可给你找不出来。家常话,买眼镜买下火口,那可是一人一个眼法。”(《太行风云》22页)

④ 这正如这一带农家俚语所说:“毛驴旦子不戴笼嘴套,占了嘴的便宜也吃了嘴的亏”。倒霉的赵兴亚,因为酒后吹牛,引起这段倒霉的差事来,心中郁郁不乐。(《长城烟尘》146页)

这些引例表明,历来对歇后语的称呼虽有“言”、“语”、“话”之分,但都离不开“谚”、“鄙”、“俗”、“俚”、“常”等等。所谓“谚”、“鄙”、“俗”、“俚”、“常”等,都相对于“雅言”而说的,都是指民间口头熟语。

第二,从古人笔记中可以看出,歇后语先是流行于群众口语之中,然后才逐渐为文人所理解、接受。宋欧阳修《归田录》(卷二)中有这样一段话:

俚谚云:“赵老送灯台,一去更不来。”不知是何等语,虽士大夫亦往往道之。天圣中,有尚书郎赵世长者,常以滑稽自负。其老也,求为西京留台御史。有轻薄子送以诗云:“此回真是送灯台。”世长深恶之,亦以不能酬酢为恨,其后竟卒于留台也。

明顾元庆《夷白斋诗话》中也有这样一段记载:

南方谚语有“长老种芝麻——未见得”。余不解其意。偶阅唐诗,始悟斯言,其来远矣!诗云:“蓬鬓荆钗世所稀,布裙犹是嫁时衣,胡麻好种无人种,合是归时底不归?”

胡麻即今芝麻也，种时必得夫妇两手同种，其麻倍收。长老言僧也，若独种必无可得之理，故云。

这些记载表明，有的文人由于缺乏某方面的社会常识，对于流行于群众口语中的歇后语，或者“不知是何等语”，或者“不解其意”，直至有了这方面的社会常识后，方“悟”出它的含义。

第三，从歇后语的内容上看，取材非常广泛。从各个方面反映了人民群众的社会生活，具有鲜明的时代性、地方性和行业性。

1. 时代性。歇后语反映着不同时代的人民群众的社会生活。例如：

① 现在，特别重要的是要脚踏实地、雷厉风行地去工作，扎扎实实地干出结果来。我们不能是“天桥的把式，光说不练”。（《人民日报》1978 年 10 月 1 日社论）

② 王五是义和团的大师兄，一次临攻万喜栈的时候，他的马被毛子抢去了，他冲进敌人阵地里夺回来毛子一门炮。打完仗，回到村里，对乡亲们说，这次仗“不胜不败”。……从那时候起，“王五打仗——不胜不败”，便成了这一带村子的人常说的一句俏皮话。（《义和团的志气永不灭》83—84 页）

③ “你凭什么骂人？咱们是铁路警察，各管一段，你修你的机器，我看我的机器，那里碍着你的事？”白师傅站了起来两手叉着腰说。（《山西短篇小说选》26 页）

例①里的“天桥”在北京市前门南面，在旧社会是江湖艺人聚集的地方，这些靠卖艺为生的人，往往摆出一副“练”的架势，却只在那里耍嘴皮，这就产生了“天桥的把式——只说不练”这个歇后语。例②里的“王五打仗——不胜不败”，是根据义和团的大师兄王五一次作战中的英雄事迹创作出来的，反映了义和团的英勇斗争。例③里“铁路警察——各管一段”，反映了过去铁路上，为了保证火车安全运行，警察采取分段管理的情况。这些歇后语都明显地打上了时代的烙印。

2. 地方性。歇后语的地方性表现在许多方面。有的歇后语是群众根据某地的特点或发生在某地的故事创作出来的，因此，只限于在这个地区流传。例如：

① 确实，天县在地区十三县中地盘最大。连这一带的老百姓都有这么一条歇后语，说是“天县县长——管得宽”。（谌容《光明与黑暗》13页）

② 从前在七里铺，除了地主李宝泰弟兄们和赵家，连一个识字人也没有。据村上老一辈人们传说，记不清常观音保的哪代老祖辈，还下过几趟考场，可是到头来也没有进了学。直到如今，这一带的人们还流传着这么一句话：“七里铺家进秀才，没想。”（《太行风云》2页）

③ 敌人多次清剿，追捕敲钟的人，但用尽了解数也寻不着他。直到今天，燕峰峪一带，还流传着一句话：“耿宏山敲钟——又响了”。（《燕岭风云》225页）

例①里的“天县县长——管得宽”，是根据天县较在同一地区的其他县面积大的特点创作出来的，只流行在天县及其附近一带。例②里的"七里铺家进秀才——没想"是根据解放前七里铺念书人少，群众文化低没人进了学（即考中秀才）这个特点创作出来的，也自然只流行在七里铺及周围一些地方。例③里的"耿宏山敲钟——又响了"，是燕峰峪的群众根据抗日英雄耿宏山在这个山村同日寇进行不屈不挠的斗争故事编造出来的，由于这个故事燕峰峪一带的人知道得最清楚，所以这个歇后语也只流行于这一带。

有的歇后语是根据不同地区群众的生活习惯创造出来的，因此也具有比较明显的地方色彩。例如：

① 这位铁牛哥别看平时噙着冰凌化不出水来，人家是哑吧吃饺子——心里有数。人家"傻"吗？不，铁牛哥心里精明着哩。（《洪流滚滚》294 页）

② 翻译一听，哑子吃馄饨——心里有了数。（《游击健儿》186 页）

③ 家爹是个高个子，脸黑得象个荞麦粑粑，三天讲不上两句话，一天到晚只晓得勾起个脑壳做工夫，当家理事的事情都不大管。可是他哑巴吃粑粑，心里有数。（马忆湘《朝阳花》35 页）

④ 我是哑子吃汤圆——心里有数。徐大叔这个人，表面上一笑三点头，实际上野心勃勃。（《武陵山下》上 315 页）

同是"哑巴（子）吃 × ×——心里有数"，"× ×"有的作"饺子"，有的作"馄饨"，有的作"粑粑"，有的作"汤圆"，这显然同各地群众吃食的习惯不同有关。

还有的歇后语虽然取材一样，但由于各地方言不同，说法上也有明显差异。例如：

① 张和见春花不服，嘲笑地说："不服教师叫你挨死打，人家今天不给你评高分你知道是为啥？啄木鸟死在树窟窿里，还不是吃了嘴的亏。"（《春花》29 页）

② "怎么，你可咋唬啊！真是锛得木子死在树窟窿里，吃了嘴的亏！"辛凤鸣幸灾乐祸的在一旁小声的敲打贾正的鼓边。（冯志《敌后武工队》321 页）

"啄木鸟"在各地有许多土名，"锛得木子"是冀中一带的叫法，从而使这个歇后语具有地方特色。

3. 行业性。有些歇后语反映了人们不同的职业生活。例如：

① 他解了东面缠住了西面，解了西面挂住了东面，急得他全身汗水直冒，真象是水牛掉进了烂泥塘——有劲儿使不上了。（《水下尖兵》349—350 页）

② 人多站不下，人少了又不济事，遇到这么个"憋死牛"的地方，是龙得盘着，是虎得卧着，真是开着拖拉机撵兔子——有劲使不上。（《青石崖》83—84 页）

③ 哟，若是前面的尖刀插不进去，咱们跟在后面扩大、被复，砌拱的，可就推土机进隧道——有劲使不上啦！（《钻天峰》123 页）

同是为了引出"有劲（儿）使不上"，有的用"水牛掉进了烂泥塘"，有的用"开着拖拉机撵兔子"，有的用"推土机进隧道"，这说明歇后语的创造是同人们所从事的职业有关的。

总之，歇后语这种语言形式由来已久，最初是从"比"和

“兴”发展变化来的，在演变过程中，逐步形成具有引注关系的相对固定的结构，从而使它成为一种独立的语言形式。今天汉语中丰富的歇后语汇，是不同历史时期、不同地域，从事不同行业的人民群众所共同创造出来的语言财富。

三、歇后语的结构

歇后语是熟语的一种，在结构上有相对固定的一面，象“竹篮打水——一场空”“老鼠过街——人人喊打”“徐庶进曹营——一言不发”等，结构都比较定型。

歇后语在结构上又有灵活性的一面，它同成语、专有名称等固定结构相比，定型程度要差得多。

下面我们着重讨论歇后语结构上的灵活性，然后再进一步分析歇后语前后两个部分的构成情况以及它们之间的相互关系。为了叙述上的方便，我们把歇后语的前一部分简称为“引”，把后一部分简称为“注”。

（一）歇后语结构的灵活性

结构上的灵活性，是歇后语的一个重要特点，主要表现在以下几个方面：

1. 取材相同的“引”，说法上不一定相同。例如：

① 弄不好，我就成了老鼠钻风箱，两头受气，真不如当个社员心静。（《靠山堡》273 页）

② 早知如此，我干脆撒手不管好了。现在倒成了老鼠入风箱，两头受气了！（《闹海记》上 253 页）

③ 想搞工作，你嫂子拉后腿；搞不好工作，乡上批评，……咳，真是老鼠钻风盒，两头受气。（《大路向

阳》239 页）

④ 我拣住一身黄大衣，又叫张有义扯烂了，众人还批评了我，真是老鼠钻到风箱里，两头受气！（马烽、西戎《吕梁英雄传》161 页）

⑤ 我知道，我这一年是耗子钻进风箱里，两头受气。（姚雪垠《李自成》卷一下册 425 页）

以上五例，“引”的取材相同，但具体说法并不完全相同。类似这种情况，在歇后语里是很常见的，如“骑驴看唱本——走着瞧”，“骑驴看唱本”又可以说成“骑驴念唱本”“骑着毛驴看唱本”“骑在毛驴身上看唱本”“骑驴的看唱本”等等。

2. 同一个意思的“注”，也可以有不同说法。例如：

① 我说他：“你在哪儿喝的猫尿哇，别人给你灌点酸米汤，你就狗咬吕洞宾不认识真人了！”（浩然《艳阳天》一卷 640 页）

② 徐文庭也跟着哈哈大笑起来，“好，信得着，你们就信他好了。这就叫‘狗咬吕洞宾，不认真伪人’。”（《桐柏英雄》395 页）

③ 乔保用一种不可捉摸的神态，话中有话地说：“瞧你这个人，冲我发火干啥，真是狗咬吕洞宾，不识好赖人。”（《靠山堡》169 页）

④ 我说：“你真是狗咬吕洞宾——不认识好人。我是可怜你有病。”（峻青《黎明的河边》15 页）

⑤ 猫头鹰见他没有开口，便失望地说：“咳，你真是狗咬吕洞宾，不识好人心呵！好吧！你不去，我去！”（武剑青《云飞嶂》148 页）

吕洞宾是神话故事中的人物，被道教奉为八仙之一。民间传说，吕洞宾有一次去感化一个名叫马廷鸳的富商，被看门狗咬了一口，一怒之下打死了狗。主人不仅没有责怪他，反而煮了狗肉招待他，终于得道成仙。据这个故事，“注”似应作“不认识真人”，但也可以说成“不认真伪人”“不识好赖人”“不认识好人”“不识好人心”等。这种情况在歇后语里极为常见。如“哑巴吃黄连——有苦难言”，“有苦难言”也可以说成“有苦说不出”“有苦叫不出来”“心里有说不出的苦”，“心里有苦，嘴上没法说”“苦在心里，嘴上说不出来”等等，说明“注”是可以根据表达需要而灵活变通的。有的歇后语的“注”甚至可以变得认不出原来的样子。例如：

① 从春夏秋冬的饮水、放牧、抓膘、配种，一直问到今天晚上亲眼看到的一切，都一个不漏地“打破沙锅——璺（问）到底”，仔仔细细地记了下来。（《追风骏马》67页）

② 那时节，志刚参军不久，很好奇，便趁这个节口，打破沙锅——纹（问）到底。（胡运《大清河上的风云》108页）

③ 平日里她不爱吵闹，显得很静默。但遇到有些事，她却一反常态，总是爱打破沙锅问到底。（马烽《女英雄刘胡兰》9页）

④ 往常出的白花稍多些，（她）就在张大姐身前身后问长问短：是操作上的缺点，还是机器上的毛病？打破沙锅追到底，总要找出原因。（《山西短篇小说选》143页）

例①里的“打破沙锅——璺(问)到底”是这个歇后语的本来样子。《方言》第六:“器破而未离谓之璺。”钱绎笺注:“今俗尚有‘打破沙盆璺到底’之语,正读如问。”“璺”指陶瓷、玻璃等器皿上出现的裂纹,谐声为“问”。“璺”字比较生僻,多用“纹”字来代替,如例②。例③连“纹”字也不写出来,直接写成“问”。例④则更进一步把“问”换成“追”,就更加灵活了。

3.“引”“注”的位置,一般是“引”在前,“注”在后。但有时也可以倒过来,变成“注”在前,“引”在后,试比较:

① 那穿绸穿缎的她不去看,她看上了个灰秃秃的磨官。真是武大郎玩鸭子,啥人玩啥鸟。(萧红《呼兰河传》232页)

② 若有人问他的绳甩子是马鬃的还是马尾的?他就说:“啥人玩啥鸟,武大郎玩鸭子。马鬃是贵重东西,那是穿绸穿缎的人拿着。”(同上182页)

例①“引”在前,“注”在后,是正例;例②“注”在前,“引”在后,是变例。下面几例也属于变例:

① “他们倒是一套配一套,歪锅配扁灶。”陈大春对张桂贞和符癞子都很看不起。(周立波《山乡巨变》263页)

② 这天也碰上丑毛,心上可就有几分恍惚:“人常说,知冬不知夏,腊月里买镰把。可真有这号怪事。”(《太行风云》300页)

③ (他)气势汹汹地说:“袁师傅,你太胆小了。我今晚就要化给他看看。怕什么,以烂为烂,泼着坛坛碰罐罐。”(艾芜《百炼成钢》33页)

这种颠倒“引”“注”位置的做法，显然出于表达上的需要，是为了突出“注”，但它们仍然是歇后语。如果位置调换了，意思也改变了，两部分不再存在引注关系，那就另当别论了。试比较：

① 还有一些人，心里寻思着，韩老六是该斗争的，但何必自己张嘴动手呢？“出头的椽子先烂”，“慢慢看势头”。（周立波《暴风骤雨》119 页）

② 党员都下了决心，要在发展生产上起先锋作用，把我们作业组办成全公社第一等的。今年我们党员要出这个风头，哪怕先烂呢，也非当这个出头椽子不可。（《新华文摘》1981 年 9 月号 113 页）

例①里的“出头的椽子先烂”是正例，例②里把“先烂”说在前头，可它与“出头椽子”不再存在引注关系，就不能再看作歇后语了。

4.“引”和“注”可以拆开，中间加入其他语言成分。这是歇后语结构灵活性的一个重要表现。不论是非谐音性歇后语，还是谐音性歇后语，几乎都能拆开。例如：

① 神志稍微清醒，他狠歹歹地说：“好你个黄毛丫头，王八吃秤砣，你真铁了心啦！”（李英儒《野火春风斗古城》131 页）

② 听到屋里董胖子喝醉酒的声音，（他）瓮声瓮气地说：“走吧，老张，在家使奴唤婢，骑骡子压马的，犯不着伺候他们！哼，‘浅碟子盛水’，我算是一眼看透啦！”（《红色交通线》176 页）

③ 我想了一个下午，孔金锁要抓丁，我们来硬的不行。干脆，给他来软的，他要抓丁，我们就三两棉花四张

弓，给他细细地弹（谈）！（邱恒聪《狂飙》330 页）

④ 海云也再没跟大家多嘴，只是说了一句："石鸡上南山，咱们各顾各（咯咕咯）吧！"（《太行风云》56 页）

例①②里的"王八吃秤砣——铁了心""浅碟子盛水——一眼看透"，是非谐音性的歇后语，"引""注"被拆开后，中间分别插入"你真""我算是"；例③④里的"三两棉花四张弓——细细地弹（谈）""石鸡上南山——咯咕咯（各顾各）"是谐音性的歇后语，"引""注"被拆开后，中间分别插入"给他""咱们"。

如果"注"是动宾结构或主谓结构，动词和宾语、主语和谓语，也分别可以拆开，中间插入其他语言成分。例如：

① 人眼是秤，众人齐吼："黄金山！少来这套鬼把戏！""狗鼻子插大葱——装什么象（相）啊！"（《县委书记》第一部 341 页）

② 耿宏山和刘光起一块干这些年，总觉着刘光起是一眼通天的深井——摸不透他的真底儿。（《燕岭风云》58 页）

③ 阿清还翘起大拇指头称赞道："咱们队长的肚肠好比豆腐坊里的石磨，道道儿就是多！"（《海疆儿女》5 页）

④ 在估不透看来，真的要是把玉芳给了梁宗彦，那才真是老鼠盗葫芦，大头儿正经还在后边哩。（《太行风云》401 页）

例①②里的"装象（相）""摸不透底儿"是动宾结构，动词和宾语被拆开，中间分别插入"什么""他的真"；例③④里的"道道儿多""大头儿在后边"是主谓结构，主语和谓语被拆开，中间分别插入"就是""正经还"。

上述情况表明，歇后语在结构上的灵活性比起其他熟语来确实要大得多，但它又不是完全自由组合的，也不是可以任意改变组织结构的，它是介于固定结构和自由结构之间的一种特殊结构。

（二）“引”“注”构成的多样性

歇后语在结构上的另一个特点是“引”“注”构成的多样性。先说“引”的构成。

最简单的“引”由一个名词构成，但限于多音节名词，单音节名词不能作“引”。例如：

花烛——一条芯（心）

水萝卜——皮红肚里白

铁公鸡——一毛不拔

鸡冠花——老来红

苦菜花——心里黄

烧火棍——一头热

野麦子——不分垄儿

由一个名词构成的“引”为数不多，多数的“引”是词和词按一定方式组成的“结构”。[①] 常见的有以下几种类型：

1. 主谓结构。用来作“引”的主谓结构，谓语部分一般是动宾结构或动宾式的复合词。

谓语部分是动宾结构的，如：

老虎戴素珠——假充善人

蛤蟆撵鸭子——找死

---

①本书所讲的“结构”，大体相当于有些语法书上所说的短语。

老鹰见小鸡——一个喜来一个忧

老母猪钻栅栏——进退两难

武大郎卖烧饼——早出晚归

杨六郎赦了杨宗保——被儿媳妇吓的

谓语部分是动宾式复合词的，如：

蚕豆开花——黑了心

东吴招亲——弄假成真

裁缝打架——剪子尺子一起上

蛤蟆生气——干鼓肚（咕嘟）

唱戏的喝彩——自吹自擂

泥菩萨洗脸——越洗越难看

2. 动宾结构。动宾结构作“引”时，动词前面或后面要有修饰成分或连带成分，单纯的动词和宾语一般不能作“引”。

动词前面加修饰成分的，如：

嘴上抹蜜——说得甜

梦里坐飞机——想头不低

半夜里摘茄子——不管老嫩

城门楼上挂猪头——架子大

大风地里吃炒面——张不开嘴

大年初一吃饺子——没外人

动词后面有连带成分的，如：

打破沙锅——璺（问）到底

打烂油瓶——全倒光

摔倒五味瓶——酸甜苦辣都有

跳进黄河——洗不清

吃了秤砣——铁了心

3. 偏正结构。用来作“引”的偏正结构有两种类型，一种以名词作中心词，一种以动词作中心词。

以名词作中心词的，如：

破风筝——抖不起来

实心竹子——不通窍

绣花枕头——外面好看里面空

纸糊的老虎——一戳就穿

龙王爷的帽子——道儿多

脱了毛的牙刷——有板有眼

以动词作中心词的，如：

坟场里唱戏——给鬼看

床底下拜年——伸不直腰

船头上散步——路子越走越窄

头上撒虮子——自找麻烦

荷花塘里着火——藕燃（偶然）

养济院里请客——穷凑合

4. 连动结构。用来作“引”的连动结构，一般是两个动词连用，例如：

吃咸鱼蘸酱油——多此一举

穿钉鞋走钢板——当当响

买猪头讨个胆——自找苦吃

拆屋子放风筝——只顾风流不顾家

有不少用来作“引”的连动结构前一个动词后面加“着”，除了表示前个动词结构是后一个动词结构的方式外，还表示两个动作同时进行*，例如：

抱着元宝跳井——舍命不舍财

踩着高跷演戏——半截不是人

戴着笆斗进庙门——充大头鬼

抱着孩子进当铺——自己当人，人家不当人

连动结构作“引”有一个明显特点，就是前面不出现主语。多数情况是说不出主语，即使能说出主语，一般也不加上，如“气死周瑜去吊孝——虚情假义”，“气死周瑜去吊孝”的主语是“诸葛亮”，但一般不说出来。

5. 联合结构。用来作“引”的联合结构，有的由两个名词组成，有的由两个结构组成。

由两个名词组成的，如：

曹操诸葛亮——脾气不一样

杨宗保和穆桂英——天生的一对

王奶奶和玉奶奶——差一点

马先生和冯先生——差两点

由两个结构组成的，如：

百年松树，五月芭蕉——粗枝大叶

光说骆驼，不说蚂蚁——拣大的说

躲过野牛又碰上老虎——一个比一个凶

脑袋上长疮，脚底下流脓——坏透了

和尚误了做，老婆误了娶——两下里都担搁了

6. “的”字结构。用来作“引”的“的”字结构，同样具有名词功能，如：

---

*参看丁声树等著《现代汉语语法讲话》，商务印书馆 1961 年版，第 116 页。

贩古董的——识货

吃河水长大的——管得宽

吃了磨刀水的——锈(秀)气在内

盐店掌柜的——咸(闲)人

“贩古董的”就是贩古董的人,“吃河水长大的”就是吃河水长大的人,“吃了磨刀水的”就是吃了磨刀水的人,“盐店掌柜的”指掌管盐店的人。

用来作“引”的“的”字结构中,有的采用“属……的”格式,并不是真的讲人的属相,而是指人具有某种属性,因此,在“属……的”中间不仅可以用鼠、狗、猴等代表十二地支用以记人的出生年的十二种动物,而且可以用其他动物,甚至不是动物也可以,如:

属鼠的——眼睛看寸光

属狗的——记吃不记打

属猴的——拴不住

属喜鹊的——好登高枝

属百灵鸟的——哨得好听

属夜猫子的——穷叫唤

属蜡烛的——不点不亮

属核桃仁的——不敲不出来

属灶王爷的——谁家锅台都上

除了以上所述六种结构外,谓补结构[1]、兼语结构、数量结构也可以用来作“引”,分别如:“骑在老虎背上——身不

---

[1] 以谓词为中心,后面的词或结构补充说明前面的谓语,相当于有些语法书上所说的补充结构。

由己”,“强逼秀才吃屎——难为人”,“二十五两——半封(疯)”。但为数不多,就不细说了。

下面谈“注”的构成。

最简单的“注”,是一个单音节词,如:

谷糠榨油——难

扳手敲轮胎——棒

和尚到了家——庙(妙)

单音节词作“注”,后面常带一个助词,如:

喇嘛的帽子——黄了

蝎子的尾巴——毒啊

瞎子磨刀——快啦

聋子放炮仗——散了

冷锅贴饼子——溜了

上述这种由单音节词构成的“注”,数量较少。大多数歇后语的“注”是一种“结构”,可以用来作“注”的结构很多,常见的有主谓结构、动宾结构、偏正结构、谓补结构、连动结构、兼语结构、数量结构、“的”字结构、紧缩结构、联合结构等。下面分别举例说明。

1. 主谓结构。用来作“注”的主谓结构,同作“引”的主谓结构一样,谓语部分可以是动宾结构,例如:

孙悟空守桃园——自食其果

耗子拖秤砣——自塞门路

螳螂身上擦白粉——自充大仙鹤

对着镜子作揖——自己恭维自己

但,不限于动宾结构,单词或偏正结构、连动结构等也可以充当它的谓语部分，例如：

打着灯笼赶嫁妆——两头忙

蟑螂落油锅——全身都酥了

叫化子要黄连——自讨苦吃

“两头忙”“全身都酥了”“自讨苦吃”的谓语部分，分别是形容词“忙”、偏正结构“都酥（了）”、连动结构“讨苦吃”。

2. 动宾结构。用来作“注”的动宾结构，既可以是单纯的动宾结构，也可以是附状的或附补的动宾结构，如：

一根筷子吃藕——挑眼

猪鼻子里插大葱——装象（相）

做梦娶媳妇——光想好事

郎中开棺材店——死活都要钱

老虎吃蚊子——塞不住牙缝

大风地里吃炒面——张不开嘴

“挑眼”“装象（相）”是单纯的动宾结构，“光想好事”“死活都要钱”是附状的动宾结构，“塞不住牙缝”“张不开嘴”是附补的动宾结构。

3. 偏正结构。用来作“注”的偏正结构，中心词可以是名词，也可以是动词或形容词，如：

柳条穿王八——一类货

大姑娘看新房——有日子的人

沙锅捣蒜——一锤子的买卖

长虫吃蛤蟆——慢慢地来

鸦雀剪去尾子——同八哥混阵

猫儿哭老鼠——假慈悲

“一类货”“有日子的人”“一锤子的买卖”，中心词“货”“人”“买卖”是名词；“慢慢地来”“同八哥混阵”，中心词“来”“混阵”是动词；“假慈悲”，中心词“慈悲”是形容词。

4. 谓补结构。用来作“注”的谓补结构，谓词可以是动词，也可以是形容词，如：

白布进染缸——洗不清

梦里吃糖瓜——想得甜

刘老老进大观园——看得出神

一根头发破八瓣——细极了

正月十五贴门神——迟了半个月

马勺子吊起来当锣打——穷得叮里当啷响

“洗不清”“想得甜”“看得出神”，谓词“洗”“想”“看”是动词；“细极了”“迟了半个月”“穷得叮里当啷响”，谓词“细”“迟”“穷”是形容词。

5. 连动结构。用来作“注”的连动结构，一般也是两个动词连用，如：

苍蝇落在鸡蛋上——见缝下蛆

林冲棒打洪教头——专看破绽下手

骑驴观山景——走着瞧新鲜的

养济院里行刺——拿着穷人开刀

6. 兼语结构。用来作“注”的兼语结构，由一个动宾结构和一个主谓结构套在一起，动宾结构的宾语兼作主谓结构的主语，如：

见了强盗喊爸爸——认贼作父

诸葛亮大摆空城计——化险为夷

脸盆里的泥鳅——看你滑到哪里去

死胡同里截驴——看你往哪里跑

7. 数量结构。用来作“注”的数量结构，可以是物量结构，也可以是动量结构，如：

城隍庙里的鼓槌——一对

大姑娘坐轿——头一回

大年初一吃饺子——第一次

“一对”是物量结构，“头一回”“第一次”是动量结构。

8. “的”字结构。用来作“注”的“的”字结构，有的是“词+的”，有的是“结构+的”，如：

唱戏的胡子——活的

诸葛亮吊孝——假的

奶妈抱孩子——别人的

鸭子吃蛴螬——自找的

竹棚上的水瓜——晒老的

“活的”“假的”是形容词+“的”，“别人的”是代词+“的”；“自找的”是主谓结构+“的”，“晒老的”是谓补结构+“的”。

9. 紧缩结构*。用来作“注”的紧缩结构，常常用前后呼应的两个关联词语表示某种关系，如：

罐儿里养王八——越养越活

甲虫掉在粪坑里——越陷越深

纸糊的老虎——一戳就穿

---

*紧缩结构指构成紧缩句的一些固定格式，能作除谓语之外的其他成分。参看《说“结构”》，《中国语文》1978 年第 4 期；《汉语知识》，人民教育出版社 1962 年版，第 188 页。

属窗户纸的——一点就破

梁山兄弟——不打不成交

老和尚的木鱼——不敲不响

“越……越……”表示相承关系，“一……就……”表示条件关系，“不……不……”表示假设关系。

10. 联合结构。用来作“注”的联合结构有两种情况，一种由两个词构成，一种由两个结构构成。

由两个词构成的限于动词和形容词，如：

小儿放炮——又爱又怕

八仙聚会——又说又笑

两分钱的醋——又酸又贱

茅坑里的石头——又臭又硬

由两个结构构成的，情况比较复杂。有的由两个偏正结构构成，如：

小炉匠的家私——废铜烂铁

十八亩地一颗谷——单根独苗

打灯笼走亲戚——明来明去

何仙姑走娘家——云里来雾里去

有的由两个动宾结构构成，如：

吃了芋头不下肚——顶心顶肺

风箱板做锅盖——受了冷气又受热气

癞蛤蟆过门槛——又蹾屁股又伤脸

属大肚罗汉的——睁一只眼，闭一只眼

有的由两个谓补结构构成，如：

站在高山上看马斗——踢不着，咬不着

戴木头铃铃的石狮子——摇不动也撞不动

豆腐掉到灰渣堆里——吹不得，打不得

后颈凹的头发——摸得着，看不着

有的由两个或三个主谓结构构成，如：

骑着骆驼赶着鸡——高的高，低的低

大路边打草鞋——有的说长，有的说短

活鱼掉进醋缸里——肉烂骨头软

房檐下的大葱——叶枯皮烂心不死

有一种用来作“注”的结构，看起来象联合结构，实际上是一种复句形式，如：

腿肚子贴灶王爷——人走家搬

大路边的驴——谁爱骑谁骑

仓老鼠问老鸹去借粮——守着的没有，飞着的倒有

“人走家搬”“谁爱骑谁骑”“守着的没有，飞着的倒有”，同一般的联合结构不一样。第一，前后两个部分在位置上不能颠倒；第二，前后两个部分之间存在着条件、转折的关系：“人走家搬”“谁爱骑谁骑”，前后两个部分之间分别存在条件关系；“守着的没有，飞着的倒有”，前后两个部分存在转折关系。它们在形式上相当于偏正复句。还有一些歇后语的“注”是由两个这种偏正复句组成的相当于多重复句的形式，如：

寡妇赶集——要人没人，要钱没钱

大森林里一片叶——有你不多，无你也不少

铁钳钳住了王八头——想缩缩不进，想滑滑不脱

大年三十捉个兔子——有它要过年，没它也要过年

用来作“注”的，除了上述种种自由结构外，还可以是成语

一类的固定结构，如：

砌墙的砖头——后来居上

老鼠掉进书箱里——咬文嚼字

穿着孝衣拜天地——悲喜交加

树叶落到河水里——随波逐流

歇后语的“注”，有一个早为人们所注意到的特点，就是运用谐音。一般是一个字谐音，也有两个字或三个字谐音的，如：

旗杆上绑鸡毛——好大的掸（胆）子

嗑瓜子嗑出虾米来——碰到好仁（人）了

老鼠偷秤砣——盗铁（倒贴）

猪八戒的脊梁——悟（无）能之背（辈）

修锅匠补碗——吱咕吱（自顾自）

蛤蜊烧蛏干——鲜对鲜（现兑现）

在这里顺便提一下，有的人根据歇后语的“注”可以运用谐音的特点，把歇后语分成两类：一类叫做“喻意的歇后语”，“它的前部分是比喻，后部分是对前部分的解释”；一类叫做“谐音的歇后语”，“它的后一部分借助音同或者音近现象表达意思”。这种分类是不合逻辑的。大家知道，合乎逻辑的分类要有一个前提，就是分类必须有一个统一的标准、统一的角度。而把歇后语分为“喻意的”和“谐音的”两类却是从不同的角度分出来的。所谓“喻意的歇后语”，是就歇后语的“引”和“注”发生所谓“比喻——解释”的关系来说的，而所谓“谐音的歇后语”，则是就歇后语的“注”采用谐音双关手法来说的。然而，“谐音”和“喻意”并不是对立的，“谐音”是建立在“喻意”的基础之上的，没有脱离“喻意”的纯谐音的歇后语。我们可以根据“注”是否运用谐音，把歇后语分为谐音的和非谐音的两类，而不能把“谐音的歇后语”从“喻意的歇后语”里抽出来，再和“喻意的歇后语”相提并论。

（三）“引”“注”之间关系的复杂性

歇后语在结构上的再一个特点，是“引”“注”之间关系的复杂性，这可以从语法和意义两个方面来说明。

从语法上看，存在以下几种情况：

1.“引”和“注”之间存在主谓关系，“引”是主语部分，“注”是谓语部分。这在“引”是名词或名词性结构时，看得最为明显，如：

臭豆腐——闻着不香吃着香

墙上的草——随风倒

强扭的瓜儿——不甜

拔节的竹笋——天天向上

阴沟里的泥鳅——翻不起大浪

属公鸡的——光啼不下蛋

属吕布的——有勇无谋

不过，也有例外，如“丈二和尚——摸不着头脑”，“丈二和尚”是名词性结构，但它不是“摸不着头脑”的主语。

2.“引”和“注”共有一个潜存的主语，这个主语具有泛指的性质，一般无须出现，如：

半夜里吃黄瓜——不知头尾

听评书掉眼泪——替古人担忧

端着金碗讨饭——装穷

房顶上睡觉——翻不过身来

坟头上耍大刀——吓鬼

对着月亮攀谈——说空话

袖子里藏刀——暗地伤人

我们说这些歇后语的“引”和“注”分别共有一个潜存的主语，是就它们作为语汇形式存在的时候来说的，如果用于句子之中，有时就有了明确的主语。如：

① 哈，检查就检查，反正你抓不住我什么大辫子，你说方向不对头，无非是个土方挂帅，……。来日方长，咱骑驴看唱本——走着瞧吧。（《洪流滚滚》202页）

② 李妈盯了他一眼，又继续说：“……今天的事不算完，我要请求党，请求上级彻底追查处理，叫那些躲在黑窟窿里搞阴谋的坏家伙现现原形，骑驴看唱本——咱们就走着瞧吧！”（魏巍《东方》768页）

“骑驴看唱本——走着瞧”，作为语汇形式存在时，主语不出现，但在例①里，“引”前出现主语“咱”；在例②里，“注”前出现主语“咱们”，它们都不是这个歇后语本身所固有的。然而，也有少数歇后语，“引”的主语既可以潜存，也可以出现。如“背着儿媳妇上泰山——费力不讨好”，也可以说“老公公背着儿媳妇上泰山——费力不讨好”，这是因为“引”里的宾语“儿媳妇”已经表明主语是“老公公”，所以不说出来也不致费解。

3.“引”里的某个成分，充当“注”的某个成分。如：

徐庶进曹营——一言不发

猪八戒磨墨——假充斯文

裁缝做嫁衣——替旁人欢喜

老鼠过街——人人喊打

床底下放风筝——飞不高

“徐庶进曹营”“猪八戒磨墨”“裁缝做嫁衣”里的主语“徐庶”“猪八戒”“裁缝”，分别又是“一言不发”“假充斯文”“替旁人欢喜”的主语；“老鼠过街”里的主语“老鼠”，又是“人人喊打”的宾语；“床底下放风筝”里的宾语“风筝”，又是“飞不高”的主语。

从意义上看，歇后语前后两部分总的来说是“引子”和“注释”的关系，但是注释的方式不尽相同，主要的有以下几种情况。

1.“引”讲一种人、物或一件事情，“注”描绘状态或摹拟声音。

描绘状态的，如：

太平洋的警察——管得宽

磨道里的驴——转圈子

屋檐下的冰凌——根子在上头

丝瓜烧豆腐——青(清)青(清)白白

孙猴子坐天下——毛手毛脚

摹拟声音的，如：

蛤蟆跳井——扑通(不懂)

石鸡上南山——咯咕咯(各顾各)

钢筋打铜锣——当当响

鸭腿上绑铜铃——响当当，呱呱叫

2.“引”讲一种物或一件事,“注”作出某种判断,可以是肯定的判断,也可以是否定的判断。

肯定的判断,如:

脚上的泡——是自己走的

豆芽子长上一房高——也是菜

孔夫子搬家——净是书(输)

大年初一吃饺子——都是一家人

小和尚给大和尚捉虱子——是一个庙里的事

否定的判断,如:

坟地里的夜猫子——不是好鸟

蒺藜子拌草——不是好料

癞蛤蟆想飞——不是上天的料

中堂上挂草帘——不是画(话)

八仙桌上摆夜壶——不是个盛酒的家伙

有的“注”里虽然没有表示判断的动词“是”,但从它和“引”之间的意义关系上看,也是表示一种判断,如:

包脚布当孝帽——一步登天

木匠戴枷——自作自受

关公门前耍大刀——献丑

十个小钱丢了一个——九文(久闻)

驴子拉磨牛耕田——各走各的路

这类歇后语,“注”前面也可以加上“是”,如“包脚布当孝帽——一步登天”可以说成“包脚布当孝帽是一步登天”,“木匠戴枷——自作自受”可以说成“木匠戴枷是自作自受”,等等。

3.“引”讲一种物或一件事,“注”说明它的性质、原因、结果或目的等。

说明性质的，如：

六月里的梨疙瘩——有点酸

一条藤上结的瓜——苦都苦，甜都甜

蜂蜜里拌糖——甜上加甜

说明原因的，如：

卖膏药的不用动嘴——天然就有幌子

猴子不上竿——没有把锣鼓敲紧

一锹掏出个井来——捅在了正经的地方了

说明结果的，如：

黄鼠狼看鸡——越看越稀

穿着蓑衣救火——引火烧身

周瑜谋荆州——赔了夫人又折兵

说明目的的，如：

买麻花不吃——为了看这股劲

黑瞎子蒙红头巾——冒充新娘子

老鸹身上插花翎——自充小孔雀

4.“引”讲一种物或一件事，“注”提出某种反问，如：

园子里的韭菜——你算哪一蔸

半边铃铛——咋响（想）的来

一个人拜把子——你算老几

客厅里挂狗皮——那象什么画（话）

猪八戒丢了铁耙——你凭什么保师父

大花公鸡上舞台——你跟谁比漂亮

5.“引”讲一件事，“注”发出某种感叹，如：

倒了油瓶不扶——懒到家啦

正月十五贴门神——晚了半月啦

蚂蚁打哈欠——好大的口气

卖油的敲锅盖——好大的牌子

三张纸画一个驴头——好大的脸面

根据上述五种不同的注释方式，我们可以把歇后语分为五种类型，即描写性的歇后语、判断性的歇后语、说明性的歇后语、反问性的歇后语和感叹性的歇后语。

四、歇后语的语义

歇后语的前后两个部分构成统一的语义单位。掌握歇后语的语义，是正确理解和运用歇后语的前提。下面我们先分析歇后语语义的构成因素，然后再讨论歇后语语义的聚合关系。

（一）歇后语语义的构成因素

前面讲过，歇后语是由存在引注关系的前后两个部分构成的。这两个部分在表义上的作用并不是等同的，前一部分只起辅助作用，表示某种附加意义，后一部分才是表义的重点所在，表示整个歇后语的基本意义。歇后语的语义，就是由前一部分所表示的附加意义和后一部分所表示的基本意义有机地构成的。

下面先讲歇后语的基本意义。试比较以下几例：

① 他既不伤心，也不去抗争，他心里说："别把人看扁了！等我练出来给你们看！"（《人民日报》1982年3月29日第7版）

② 春芳曾跟铁匠师傅学过几天打铁，多少懂一些打铁的门道。所以听虎子一说，便气昂昂地说："你别门缝里看人，把人看扁了，我还真不服气呢！"（《靠山堡》326—327页）

③ 铁大嫂轻轻地笑了，“别门缝里看人！照实说，是不是看不起我们妇女？”（《开端》101页）

例①“把人看扁了”是一般说法；例②在“把人看扁了”前面加上“门缝里看人”成了歇后语，但所表示的基本意义还是一样；例③虽然把“把人看扁了”省去，但所表示的基本意义仍然没有改变。这充分说明，不论在什么情况下，歇后语的基本意义都是由后一部分来表示的。

歇后语后一部分所表示的基本意义有本义和别义之分。有的歇后语只有本义，没有别义，如：

① 他对小队长是一肚子不满意，特别是看到刚才突然进来一伙客商，更觉得住在这里是“鲁肃上了孔明的船”——错了！（《难忘的战斗》112页）

② “事倒没事，可有意见！”缪虎是个急性子，肚里藏不住话，“依我说呀，班长现在捣鼓这玩艺，可是大热天穿棉袄——不是时候！”（《新花似锦》224页）

③ 刘光禄这才又“唉”了一声，说：“不用提啦，王连生那小子，狗咬耗子多管闲事，就是他穷积极，专门和我过不去。”（胡正《汾水长流》240页）

上述例子里的歇后语，都只有本义，没有别义，无论是作为语汇形式存在的时候，还是运用到句子里面的时候，后一部分“错了”“不是时候”“多管闲事”都只有一个确定的意义。

可是，下面这些例子里的歇后语却不一样，除了本义之外，还有别义：

① 黄克山一看点子不对，再往下罗嗦要挨克，就跑回炊事班去，朝着炊事员们，张开他那沙哑的嗓子道：“不

用指望，墙上挂门帘——没门！”（曲波《山呼海啸》314—315页）

② 姣姣两手一拍说：“好我的妹妹呀！你跟石林一个被窝才睡了几天，你也学会水仙不开花——装蒜了！”（《太行志》497页）

③ 他说命太苦，头一回说亲说了个你，闹了一回子，谁知道柳树上开花，没结果。（袁静、孔厥《新儿女英雄传》78页）

例①“墙上挂门帘——没门”，后一部分“没门”本义指没有门户，但用在句子里实际意义是指没有门路；例②“水仙不开花——装蒜”，后一部分“装蒜”本义指装成蒜的样子，但用在句子里实际意义是指装腔作势，装模作样；例③“柳树上开花——没结果”，后一部分“没结果”本义指没有结出果实，但用在句子里实际意义是指没有达到预期的目的。

歇后语的别义是怎样产生的呢？大致上有三种情况：

第一种情况，由后一部分里一个或几个词派生出另一种意义而产生别义。这种由原义派生新义而产生的别义，叫做派生义。派生大体上可分成引申和换喻两种方式。引申建立在两种意义反映的现实现象具有某种相似之处的基础上，如：

① 打锡人这时真是疔疮长在喉头上，有痛不敢说。补茶壶吧，怕夜长梦多；拒绝呢，又怕引起怀疑，露了马脚。（《井冈烽火》72页）

② 小爷们真行啊，干活不藏奸躲懒，马上马下都能来两下子。咱大队长早就当着贫下中农的面夸你是“二齿钩子挠痒——是把硬手”。（《征途》466—467页）

③ 迎面传来唧唧咕咕的说话声："咱这份差事算干够了，小黄集岗楼是包脚布围嘴——臭了一圈啦！"（《英雄的乡土》393页）

例①后一部分里的"痛"，本义指肉体上的疼痛，用在句子里引申指精神上的苦衷；例②后一部分里的"硬手"，本义指坚硬的手，用在句子里引申指在某个方面有过硬本领的人；例③后一部分里的"臭"，本义指气味难闻，"臭了一圈"指嘴的周围都有了臭气，用在句子里，"臭"引申指不好的名声，"臭了一圈"指臭名传遍了周围一带地方。

换喻的基础，是两类现实现象之间存在着某种联系，这种联系或由于它在人们心目中经常出现而固定化，或由于在一定的上下文中显示出来，从而为人们所理解，所以，尽管它们之间并不存在什么相似之点，仍然可以用其中一类现象去指称另一类现象。例如：

① 装甲车上的机枪手骂起来道："水筲没梁，都是饭桶，怎么就叫人进来了？"（杨朔《中国人民的脚步声》249页）

② 你这个人什么都好，就是嘴快，水盆里扎猛子，也没个深浅。（杨朔《三千里江山》117页）

③ 有新老汉走到灰灰脸跟前，拿起拐杖指住他的眉眼五官说："哈叭狗带串铃，你充什么大牲口！你说了为什么不算数？"（《太行风云》201页）

④ 还有个老头说："你们跟我们合哪！是胖老婆骑瘦驴——肥瘦相搭呗！"（李准《李双双小传》370页）

例①后一部分"饭桶"，本义指盛饭的桶，用在句子里比喻只会吃饭、没有实际用处的人；例②后一部分里的“深浅”，本义指水面到水底的距离，用在句子里比喻做事或说话的分寸。这两例，本义和派生义之间的联系原已固定，易为人们所理解。例③后一部分里的“大牲口”，用在句子里比喻装出很有气派的人；例④后一部分里的“肥瘦”，用在句子里比喻能力强的和能力弱的。这两例，本义和派生义之间的联系，是根据上下文才看出来的。

第二种情况，利用后一部分里一个或几个字形、音、义上的相关，通过谐音而产生别义，这种情况产生的别义叫做假借义。

歇后语的假借义，主要是通过以下几种手法形成的：

1. 利用同音异形异义字，如：

① 而今，这场不比寻常的考试，老孙当了主考官，未过门的女婿要闯头一关：这可是铁鞋上掌——要见砧了！（《摇耧记》50页）

② 我们干事，不能象用五眼枪打兔子，光有响头没有准头。（《玉龙的眼睛》1977页）

③ 方兴士看罢当场就退还他，说道：“什么指挥部，它认识我，我还不认识它呢！”给他来个自行车下坡——不踩！（《闽海激浪》497页）

例①“砧”借作“真”，例②“响”借作“想”，例③“踩”借作“睬”。

2. 利用近音异形异义字，如：

① 我嘴里嘟囔了一句，心里不由地想：这里几百万砖呢，几块次品有什么了不起。这明明是秋后上地——专

找茬儿。(《松青旗红》117页)

② 他使劲拍了拍龙阿四的肩头，说："老四呀，你给我老母鸡抱鸡蛋——一边孵着去吧！"(《玉龙的眼睛》39页)

③ 康顺风和刚从区上放回来的康家败，……跑到民兵家属跟前，假装怜悯地说："这些娃子真可怜，看打成什么样子啦！咱说一句不好听的话吧，正规部队都打不走日本，靠你们民兵可抵啥哩？那是茅石板上打滚，寻的往屎坑里跳哩嘛！"(马烽、西戎《吕梁英雄传》182页)

④ 朱店镇这地方不比一般的伪乡公所，他是牤牛耳——离角近，鬼子抬脚就到，不能死打硬拼。(《沂蒙红缨》25页)

例①"茬儿"借作"岔儿"，声母韵母相同而声调不同；例③"孵"借作"伏"，也是声母韵母相同，声调不同；例③"屎"借作"死"，韵母声调相同，声母不同；例④"角"借作"家"，声母相同，韵母声调不同。

3. 利用同音同形异义字，如：

① 说党团骨干，说互助合作基础，也不是我老鼠爬秤钩——自称自，我团沙湾也不比别地差呀！(《杨春山入社》40页)

② 于春保以教训的口气对钟卫华说："副业抓不上，春耕备不好，脑门上长瘤子——净搞些额外负担，到年底算总帐分红的时候，叫大伙儿喝西北风去呀？"(《征途》319页)

例①里的“称”，本是称东西的“称”，借作“称赞”的“称”；例②里的“额”，本是“额头”的“额”，指人眉毛之上、头发之下的部位，借作“数额”的“额”，指规定的数量或范围。

第三种情况，通过后一部分里两个词的配搭产生新词，从而使意义发生转换。这种情况产生的别义，叫做转换义，如：

① 你说行，我就派人，你说不行，咱就脚后跟拴绳子——拉倒。（《龙岗战火》85页）

② 大队长谈到鬼子侵略中国，他说：“你们别看他们现在灶王爷放屁，神气不小，可是他们迟早是要垮台的！”（《到敌后去》33页）

③ 陈二踹子紧紧地跟在李大嘴的屁股后边，为了讨海黧马，一步也不放松，苦苦地哀求着，说着小话。“我这个残废踹子，跟着你转抹抹，连脚脖子都走疼了。”“土豆子搬家——滚你佬佬家的蛋吧！”（马加《江山村十日》222页）

例①里的“拉倒”，“拉”本义指用绳子拉，“倒”本义指身子倒下，用于句中，合成一个新词，转指“算了”、“作罢”的意思。例②里的“神气”，“神”本义指神灵、神明，“气”本义指气体，用于句中时，合成一个新词，转指一种傲慢的神态。例③里的“滚”，本义指滚动，“蛋”本义指球形的东西，用于句中搭配成一个（被拆开使用的）合成词，成为要别人走开时责骂的话。

歇后语本义的转换，往往借助于方言词，如：

① 说真的，原先我以为自己队里的棉花长势是额角头上搁扁担——算头挑了，哪里知道跟海燕大队一比，竟差了一截子！（《枫叶殷红》93页）

② 他接着正经地说："秀，别一根筷子吃莲菜——挑眼了，咱们是穷队，就得靠苦干。买牲口咱买不起好的，就买坏的，买不起大的买小的。这两匹马，我是要下决心把它们喂过来，你也帮我一把忙。"（李准《李双双小传》295 页）

③ 看这上面说的口气倒蛮大的，占了张家口，就烟火头掉进衣裳口袋里——烧起包来了；其实呢，是面团儿炸成果子卖，全是虚货。（刘子威《在决战的日子里》107 页）

例①里"头挑"，本义指用头挑担，用于句中时，转换成方言词，指头等，头号的意思；例②里"挑眼"，本义指用筷子挑住莲菜的小洞，用于句中时，转换成方言词，指挑剔毛病；例③里"烧包"，本义指烧着衣裳的口袋，用于句中时，转换成方言词，指自以为得势而表现出傲慢的样子。

歇后语的派生义、假借义和转换义，都是在运用到句子里以后才显示出来，所以可以看作是歇后语的功能意义。这种功能意义在长期使用中约定俗成，大多数已经凝固在歇后语上成为它的固定意义，本义反而消失了。试看以下几例：

① "嘿，江班长这一手，真是哑巴见面——没说的。"人们啧啧地赞扬着，议论着。（《新花似锦》199 页）

② 要说老焦关心集体、出力干活，的确是哑巴见面——没说的。（《进军的战鼓》174 页）

③ 老龙雨还真有眼力，彩虹这棵苗苗真是哑巴见面——没说的。（《长虹》15 页）

④ 张林的学习、工作，样样都是哑巴见面——没说的。

——(《红石山中》25页)

⑤ 邢石海的表现，使洪队长暗暗感到高兴："卫生队有这样一个好司机，的确是'哑巴见面——没说的'。"(《映山红》52页)

"没说的"，本义指没有说的话；用在句子里，不论在什么情况下，都是表示赞赏的口气，指没有什么可挑剔或指责的地方。这说明，后者已经作为功能意义固定在这个歇后语上，而它的本义在实际运用中并不起什么作用。由此可见，掌握歇后语的功能意义是非常重要的，这直接关系到能否正确理解和运用歇后语。

以上讲的是歇后语的基本意义，下面我们讲歇后语的附加意义。

歇后语的附加意义是由前一部分来表示的，它表示附加于后一部分所表示的基本意义之上的某些色彩。

1. 形象色彩。除了"二一添作五——一半""二三四五六七八九——缺一(衣)少十(食)""一二三五六——没四(事)"等少数歇后语外，绝大多数歇后语都具有形象色彩，这是歇后语之所以成为一种形象化的语言形式的根本原因所在。例如："打了耳子的瓦罐——不能提"，除了表示不能提这个基本意义之外，还能让人联想起一个打掉了两旁的耳子无法用绳子提起来的破瓦罐的形象；"戴着草帽亲嘴——差得远"，除了表示双方距离相差很远这个基本意义之外，还能让人联想起两个人戴着草帽却硬要贴着脸接吻的可笑样子；"周瑜打黄盖——一个愿打，一个愿挨"，除了表示两厢情愿这个基本意义之外，还能让人联想起《三国演义》第四十六回所描写的东吴大将黄盖主动向周瑜献了苦肉计然后诈降曹操的情景。

有些歇后语基本意义完全一样，区别就在于具有不同的形象色彩，如：

水牛掉井里——有力使不出

拖拉机撵兔子——有力使不出

张飞穿针——有力使不出

因此，在运用歇后语时，不仅要注意它的基本意义是否同上下文配合一致，还要注意它的形象色彩是否协调。例如：

① 高夫人回答说："既然朝廷无道，卢象升纵然做了宣、大、山西总督，也如同水牛掉井里，有力使不出。他的头上还压着皇上跟兵部衙门哩！"（姚雪垠《李自成》一卷上 119 页）

② "飞机的构造真复杂，那么多仪表呀，导管呀，把眼睛都看花了。英姬姐，咱们学这个，那是拖拉机撵兔子——有力使不出，我看还是练咱们的半自动吧。"一个说话象打机枪似的姑娘说。（《龙腾虎跃》）

③ 李锁龙凭着两手和肩膀，指挥水面配合，好容易把铁销对准了洞孔，开始穿销。但是潜水员上不着水，下不着地，中间无依靠，全凭浮力，一使劲就东晃西摇，弄得李锁龙象张飞穿针——有力使不出。（《水下尖兵》48 页）

例①只有用"水牛掉井里"才合适，绝对不能用"拖拉机撵兔子"，那样就会造成"时代错误"，因为卢象升那个时候还没有拖拉机；换成"张飞穿针"也显得不伦不类。但例②用"拖拉机撵兔子"、例③用"张飞穿针"，从上下文来看，却是协调的。

2. 感情色彩。不少歇后语具有感情色彩，有的基本意义就包含着某种感情色彩，如“三月里扇扇子——满面春风”“染店门里吹笛子——有声有色”“巧她爹搭巧她妈——巧上加巧”“又娶媳妇又嫁闺女——双喜临门”，表示基本意义的后一部分“满面春风”“有声有色”“巧上加巧”“双喜临门”都含有褒义；“水獭上山——装熊”“水银泻地——无孔不入”“元宵锅里煮鸡子——混蛋”“螃蟹过马路——横行霸道”，后一部分“装熊”“无孔不入”“混蛋”“横行霸道”都含有贬义。

有的歇后语，前一部分也带有感情色彩，就使整个歇后语的感情色彩显得更加鲜明、更加突出。例如：

① 自打解放，毛主席领导着俺们贫下中农走上合作化的道路，论日子那真是芝麻开花——节节高。（《中流砥柱》78页）

② 洪大榕见石玉亭这样爱霞岛，心里美滋滋的，脸上也增添了光彩，话匣子打开了：“如今的日月，好比甘蔗水加蜜糖——甜上甜！”（《霞岛》7页）

③ 庆山大伯说完，他就对到会的人说：“我看庆山大哥说得对。宋家是蝎子放屁，毒气大，他是什么坏事都能干得出来的。”（刘子威《在决战的日子里》）

④ 他用着讨厌的眼光瞪了新风一眼，心里骂道：“你真是屎克螂翻筋斗——显你黑屁股哩！”（《双喜临门》84页）

例①②里“节节高”“甜上甜”比喻生活一天比一天好，已经具有褒义，加上“芝麻开花”“甘蔗水加蜜糖”，褒的色彩就更加鲜明了；例③④里“毒气大”“显黑屁股”都是骂人的话，已经具有贬义，加上“蝎子放屁”“屎克螂翻筋斗”，贬的色彩也就更加突出了。

值得注意的是，在实际运用时，人们往往只注意后一部分所表示的基本意义，而不大注意前一部分所表示的感情色彩。例如：

① 马二孬当时是村里的伪村长。这家伙是王八吃秤砣——铁了心的铁杆汉奸，象条哈巴狗似的跟着日寇伪军的屁股转，王大叔早就把这群吃人的野兽恨透了。（《战马嘶鸣》23页）

② 张山……对李德江表态说：“这回呀，我是王八吃秤砣——铁了心啦。不把老虎砬子打通，就提着脑袋来见你。……”（《征途》536—537页）

“王八吃秤砣”带有贬义，这在例①表现得很明显，但在例②里，它的贬义却不被重视。这说明，歇后语的前一部分所表示的感情色彩在某种程度上是由上下文决定的。

3. 风格色彩。有些歇后语基本意义相同，但由于前一部分取材不同从而产生了不同的风格色彩。这种不同的风格色彩，往往是人们不同的生活经历的反映。例如，“泥菩萨过河——自身难保”，前一部分又可作“泥菩萨过江”“泥菩萨过海”，这显然同各地群众生活的地理条件不同有关；又如，有些歇后语后一部分都是“硬对硬”，前一部分或者作“碌碡砸碾盘”，或者作“铁锤砸铁砧”，或者作“铁锚碰礁石”，或者作“马铁掌踩石板”，这显然跟人们的职业生活不同有关。

歇后语的这种风格色彩，对于表现人物的性格有特殊的作用。试比较以下几例：

① 在晨光中，梅仁根看见自己的战友两手伸向空中，脸上露出笑容，甚至爽朗地笑出声来。随着笑声，邹剑国慢慢睁开了眼睛。梅仁根开玩笑地说："你真是做梦抓俘虏，尽想好事哇！都笑出声来啦！"（报）

② 有人听说把面包当饭吃，就摇摇头说，这是做梦娶媳妇——尽想好事，能做出那么便宜的面包吗？（《北京日报》1978年6月16日第2版）

③ 突然，乔保浑身一哆嗦，打了个冷战，心里又想："别走路拾馒头，摔跟头捡票子，尽想好事。眼前的这份买卖还定不下是赔是赚哩！"（《靠山堡》370页）

例①描写的是中越边境自卫反击战中两个战友的谈话，"做梦抓俘虏"真实地反映了这两个年轻战士时刻不忘消灭敌人的崇高思想境界。如果象例②那样用"做梦娶媳妇"，或者象例③那样用"走路拾馒头，摔跟头捡票子"，都会严重地损害英雄战士的完美形象。

4. 阶级色彩。少数歇后语带有某种阶级色彩。这种色彩，主要表现在前一部分的取材上，如：

① 狐狸精接过来，翻着眼皮，两撮眉毛上下抖动着，看了一阵，说："嗬嗬，我是小姑娘掌钥匙，当家不作主哇。这条件嘛，我可以给中野队长说。"（《火苗》239页）

② 李贵边走边说："说我倒是可以给你说说，就怕是人家上边的公事。再说俺满喜哥他也是抠人家碗底儿的，丫鬟女带钥匙，就怕当家不作主。"（《太行风云》123页）

比较一下“小姑娘掌钥匙”和“丫鬟女带钥匙”就可以看出，后者带有明显的阶级色彩。

旧社会封建迷信所宣扬的天堂、地狱、鬼神之类，是当时阶级社会的翻版。所以，以它们为题材的歇后语，自然也具有阶级色彩，例如：

① 刘德山抢着说：“萧队长在这，咱们今儿是灶王爷上西天，有啥说啥。”（周立波《暴风骤雨》44 页）

② 明明是关在渔民家里，派了哨兵，可他怎么一只手拿着一颗手榴弹，跑到帐篷里来了呢？今天晚上，真是阎罗王审案子——全是鬼事！（《不息的怒潮》456 页）

③ 组长老方头，更是土地爷打蚂蚱，蝗（慌）神啦！他看看表，离上班还差十几分钟，根据以往经验，踩电铃（人的绰号）今天上班迟到是肯定的了。（《一九五八年短篇小说选》428 页）

④ 估不透一看扁食馅站到脸前，就有几分傍着城隍打小鬼，得了神力的样子，海开口的大喊大叫，说：“你当干部咋！你有权力不会把我开消了，为甚夺我的家具！”（《太行风云》414 页）

这说明，歇后语的产生是受到阶级的影响的。但也仅仅是影响而已，它所表示的基本意义并没有因此而带有阶级性。例①里“灶王爷上西天——有啥说啥”，基本意义还是“有啥说啥”，其他几例里的“阎罗王审案子——全是鬼事”“土地爷打蚂蚱——蝗（慌）神”“傍着城隍打小鬼——得了神力”等，基本意义也都在后一部分。

（二）歇后语语义的聚合关系

歇后语的语义不是孤立的，而是互相联系、互相制约的，组成了各种聚合关系。根据语义的聚合关系，可以把歇后语分为单义歇后语和多义歇后语，以及同义歇后语、反义歇后语等类型。下面分别加以说明。

1. 单义歇后语。有的歇后语后一部分所表示的基本意义只有一种解释，这类歇后语叫做单义歇后语。例如：

① 他声嘶力竭地狂叫了一通，稍停，又猫哭老鼠假慈悲地说："我知道大家日子不好过。亲帮亲，邻帮邻嘛！"（《云飞嶂》62页）

② 忽然我眼睛一亮，对面那方桌上，不明明摆着只二百支光的电灯泡吗？真是芝麻落在针眼里——巧透了，省得我上镇跑一趟了！（《试金石》72页）

③ 严娜所答非所问地说："我看搞这种试验，一没设备，二少时间，三没经验，多半是猪八戒端盘子——费力不讨好！"（《双牵牛》141页）

例①"猫哭老鼠——假慈悲"，例②"芝麻落在针眼里——巧透了"，例③"猪八戒端盘子——费力不讨好"，后一部分"假慈悲""巧透了""费力不讨好"都只有一种解释，所以都是单义歇后语。

有的歇后语，除了本义之外还有别义，这种别义已经作为功能意义凝固在歇后语上，成为它的基本意义。如果这个别义只有一种解释，这种歇后语也是单义歇后语。例如：

① 听到这里，他坐不住了，不高兴地说："这明明是站在

云头吊嗓子——唱高调。产量不是嘴皮上下一磕碰就能出来的，种田也不是图出风头。”（《玉龙的眼睛》63页）

② 唉，老头子还有啥击可突呢？这象‘月亮里点灯空挂明’，我不想摆这个虚名头。（《一九五八年短篇小说选》438页）

③ 剃头师傅端详了铁根、牛仔一会，笑嘻嘻地开了口：“哈哈，儿童团，真精神；手拿梭标查路条，狗咬鸭子——呱呱叫。”（《星火》1979年第6期37页）

例①里“唱高调”本义指在高空唱出的音调，用于句子里时，通过换喻产生了别义，指不切合实际的漂亮话；例②里“空挂明”本义指在高空里挂着明灯，用于句子里时，通过同音假借产生了别义，指空挂虚名，不起实际作用；例③里“呱呱叫”，本义指“呱呱”地叫，“呱呱”是象声词，用于句子里时，“呱呱”与“叫”组合成一个新词，意义发生了转换，产生了别义，形容极好。这些别义都已经固定在歇后语身上，实际上代替了原来的本义，成为它们的基本意义。由于这些别义也都只有一种解释，所以这类歇后语也属于单义歇后语。

2. 多义歇后语。有些歇后语后一部分所表示的基本意义有不止一种解释，这种歇后语叫做多义歇后语。例如：

① 往后，这些鸡毛炒韭菜乱七八糟的事情，马连福再也不沾边了，该干活干活，该开会开会，该吃饭吃饭，干完了，吃完了，腿一伸，躺炕上睡大觉，别人爱怎么样就怎么样。（浩然《艳阳天》一卷595页）

② 看吧！常兴是父子不和，黎伙伯是公媳反目，张义娣

是妯娌纠纷，我们哩，工人都不听使唤了，简直是鸡毛炒韭菜，乱七八糟！（《闹海记》上556页）

例①里“乱七八糟”指事情不正当、不合法；例②里“乱七八糟”形容局面非常混乱，不堪收拾。又如：

① 焦克礼说：“界线得从心里划，得小葱拌豆腐，划个一清二白的才行。可不能学马立本的样子。”（浩然《艳阳天》1214页）

② 兴隆堡的工作为啥这样难展开？三星泡为啥不许用？你当政治队长的为啥英雄无用武之地？这是小葱拌豆腐，一清二白。（《吉林短篇小说集》155页）

③ 我两个一块儿工作这么些年，真是小葱拌豆腐——一清二白；别说亲嘴，就连个手指头也没有挨过一下！（袁静、孔厥《新儿女英雄传》208页）

“一清二白”（“清”本字作“青”，这里用假借义）在不同的上下文中有不同的意义：在例①里强调把界限划分清楚，在例②里强调事情真相非常明白，在例③里强调人与人之间的关系非常清白。

产生这种多义现象，主要有以下三个原因：

第一，后一部分里的词语有不止一种解释。例如：

① 友布知道老陈的话是“铜铃打鼓——另有音”。（《号声嘹亮》68页）

② 办花会是铜铃打鼓另有音，谁还有心思去玩花会？所以，往年那种热闹劲没有了，今天却只有“官盐店”的一个小班子，在镇上扭来扭去。（《中州风雷》65页）

③ 林山更是胸口挂着钥匙——开心哪。(《三探红鱼洞》90页)

④ 没等田小军说完他的计划,魏明象炸开的地雷,顿时勃然大怒:"什么?你真会胸口上挂钥匙——开心!睁开眼睛看看,是啥时候了,还能头脑发热?"(《碧绿的秧苗》90页)

例①②后一部分都是"另有音",但意义不同:在例①里用的是派生义,指话语里另有别的意思;在例②里用的是假借义,"音"同音假借作"因",指另有别的原因。例③④后一部分都是"开心",本义指打开心扉,用的都是转换义,即"开"和"心"合成一个新词,这个新词有两种解释:在例③里指心情舒畅、愉快,在例④里指戏弄别人,让自己高兴。

第二,后一部分通过换喻方式而产生的比喻义,有不同的比喻内容。例如:

① 老武思谋得太周到了,真是马蹄刀瓢里切菜,滴水不漏呀!(马烽、西戎《吕梁英雄传》274页)

② 同你共事,你是"马蹄刀瓢里切菜,滴水也不漏",总不肯放出钱来。(《儒林外史》第19回195页)

后一部分"滴水不漏"都是用比喻义,但具体内容不同:在例①里,比喻考虑问题非常周到,一点漏洞也没有;在例②里,比喻非常吝啬,舍不得拿出一点钱来。

第三,后一部分所描述的现象,有不同的形成原因。例如"茶壶里煮饺子——倒不出来",后一部分"倒不出来"本义是指茶壶肚大嘴小,饺子在里面煮熟后倒不出来,功能意义是指人肚里有话,说不出来。为什么会肚里有话,说不出来呢?一般来说，有两个原因，或者是因为嘴笨，表达不出来；或者是因为有难言的苦衷，不好意思开口。由此就使这个歇后语产生了两个意义，请比较：

① 他觉得自己的嘴太笨了，满心准备好的话，却象茶壶里煮饺子，倒不出来了，但他那真挚的感情，却完全可以觉察。(《钢铁巨人》384 页)

② 她想提出换刀，可是又不好意思开口，话搁在喉咙里，就象茶壶里煮饺子——倒不出来，只好使劲地磨着刀。(《战斗的堡垒》138 页)

一个歇后语既然可以有几个不同意义，那么，会不会影响正常交际呢？不会的。多义歇后语类似多义词，在特定的语言环境中便能表现出一个确定的意义来。例如，“木匠的斧子——一边砍”，既可以指人思想方法的片面性，也可以指人在争执的双方中偏袒一方。在“我们观察问题要同时看到正反两个方面，不能木匠的斧子——一边砍”中，它的意义只能是前者，不能是后者；而在“你要叫我说哪个不对，我可不能木匠的斧子——一边砍哪”中，它的意义只能是后者，不能是前者。

3. 同义歇后语。有些歇后语后一部分所表示的基本意义相同或相近，这些歇后语叫做同义歇后语。基本意义相同的，如“城门里扛竹竿——直入直出”“小胡同里赶母猪——直入直出”“袖筒里插棒槌——直入直出”等。这种基本意义完全相同的歇后语，前面已经谈过，不再重复。这里着重谈谈基本意义相近的歇后语。这类同义歇后语也必须前一部分不同。如果前一部分相同，后一部分略有不同，如“哑巴吃黄连——有苦难言”“哑巴吃黄连——苦在肚里”“哑巴吃黄连——有苦说不出”，或者前一部分略有不同，后一部分相同，如“正月十五贴春联——晚了半月了”“正月十五贴对子——晚了半月了”“正月十五贴门神——晚了半月了”，都不过是同一个歇后语的不同说法，不能认为是同义歇后语。还有，象“张飞穿针——粗中有细”“张飞穿针——有力无处使”“张飞穿针——大眼瞪小眼”等，虽然前一部分相同，但后一部分所表示的基本意义不同，也不能认为是同义歇后语。只有象下面这种前一部分不同、后一部分所表示的基本意义相近的歇后语，才属于这类同义歇后语：

① 二牛文化低，粗手笨脚，不是个当医生的材料，叫他去学习，那真是瞎子点灯——白费蜡。（《春雷》197 页）

② 常发贵……苦着脸说：“唉，干也叫人心里不痛快呀，瞧这么大的灾，再干还不是丈母娘管外甥，白费劲吗？”（《靠山堡》311 页）

③ “绱鞋不使锥子，针（真）好；狗赶鸭子呱呱叫，比我强一百倍。抗战胜利了，你可以当个写字的教授。”贾正开着玩笑的夸赞了一番。（冯志《敌后武工队》166 页）

例①里“瞎子点灯——白费蜡”和例②里“丈母娘管外甥——白费劲”，前一部分不同而后一部分所表示的基本意义相近；例③里的“绱鞋不使锥子——针（真）好”和“狗赶鸭子——呱呱叫”，虽然本义不同，但功能意义相近，这两种情况都属于意义相近的同义歇后语。

这种基本意义相近的同义歇后语的存在，和基本意义相同的同义歇后语的存在一样，是语汇丰富的一种表现，适当地选用，有助于准确地表达思想。例如：

① 我拣住了一身黄大衣，又叫张有义扯烂了，众人还批评了我，真是老鼠钻到风箱里，两头受气！（马烽、西戎《吕梁英雄传》161页）

② 于是，大伙便抱怨修理部拾掇得不好。修理部呢？更是豆角角抽筋两头受制。（《山西短篇小说选》15页）

③ 知县逼保正，保正逼百姓，百姓交不出骂保正。保正自己说是“松板夹骆驼——两头吃苦头”。（《上海民间故事选》150页）

以上三例里的歇后语，后一部分所表示的基本意义相近，都含有“两头不讨好”的意思，但所表示的意义侧重点各有不同：例①里“老鼠钻到风箱里，两头受气”，指两个方面都不顺心，受了气；例②里“豆角角抽筋——两头受制”，指两个方面都受到牵制，事情不好办；例③里“松板夹骆驼——两头吃苦头”，指受到来自两个方面的压力，处境困难。这说明，注意辨别同义歇后语，对于正确理解和运用歇后语也是很重要的。

4. 反义歇后语。两个歇后语的基本意义相反，叫做反义歇后语，如“黄连树上吊苦胆——苦上加苦”和“糖里搀蜜——甜上加甜”，后一部分意义相反，是反义歇后语；“芝麻开花——节节高”和“王小二过年——一年不如一年”，后一部分意义也相反，也是反义歇后语。

两个歇后语，如果后一部分所表示的基本意义相反，即使前一部分相同，也应该看作是反义歇后语。例如：

① 照俺说，别在海面上把他给胡弄跑了，得叫他屎克螂滚粪蛋，往前拱，瞅准了，囫囵个儿捶掉它。（《闽海激浪》168 页）

② 现在刚把估不透的尖儿平下去，又露出金山这种人，办事不往前看，老是屎克螂滚蛋，光往后爬。（《太行风云》487 页）

“屎克螂滚粪蛋——往前拱”和“屎克螂滚蛋——往后爬”，虽然前一部分相同，但后一部分所表示的基本意义相反，所以也是反义歇后语。这种反义歇后语的产生，是由于前一部分可以“引”出意义相反的“注释”来：屎克螂滚粪蛋往往是两个在一起滚，一个在前，身子往前拱，后腿向后拨动；一个在后，倒转身子向后退着爬，后腿推着粪蛋，所以同是“屎克螂滚粪蛋”，既可以“引”出“往前拱”，又可以“引”出“往后爬”。

适当地运用反义歇后语，也有助于提高语言的表达效果。

① 马老铁有点激动，但还是一字一句地说：“老任，再硬的铁，在咱铁工的手里能把它锤炼成铁器；再艰巨的任务，在贫下中农手里也能完成！你把这看成是‘鸡娃吃黄豆——咽不下’，我看它不过是‘老虎吃豆芽——小菜一盘’。”（《高峡平湖》317 页）

② 端姑看到这情景就对来来婶说：“老嫂子，来来和碌子在外面全挺好的，再说刮民党是八十的老汉学吹打，上气不接下气，咱是年轻娃子扛碌碡，正在劲头上。”（刘子威《在决战的日子里》438 页）

例①“鸡娃吃黄豆——咽不下”和“老虎吃豆芽——小菜一

盘”两个反义歇后语对举，更有力地批判了软弱无能的态度，更加坚定地表示了完成任务的决心和信心；例②“八十的老汉学吹打——上气不接下气”和“年轻娃子扛碌碡——正在劲头上”两个反义歇后语对举，更加鲜明地反映了敌我力量的悬殊对比。

五、歇后语的语法功能

歇后语在句子结构中的地位相当复杂，一方面，它可以作为一个完整的语法单位出现，另一方面又可以被拆开来成为两个语法单位。

歇后语作为一个完整的语法单位出现，有时充当一个句子或复句里的一个分句，有时充当句子里的一个构成成分。当它被拆开成为两个语法单位时，便分别承担不同的语法作用。下面依次加以叙述。

歇后语充当句子时，往往是作为一句"现成话"被引用的，多见于对话中。例如：

① 姚铁匠站起来，扯下搭在脖子上的毛巾，擦去脸上的油汗，装着闲搭话的样子，说："大魁，遛马呀？""是呀。外甥打灯笼——照旧（舅）。"（《雁塞游击队》266 页）

② 大家私下议论："大队长想提前让我们给他拜年吧？""大概怕赔本吧，管他呢，吃就行了。""裁缝丢了剪子——只有吃（尺）了！"（《英雄的乡土》411—412 页）

③ 几个落后社员七嘴八舌议论起来："农业社的优越性在哪里呢？""我早就排了八字，我们比不过单干，叫做社兆头就不妙，社就是蚀嘛。""我看不如趁早。""趁早做什么？""聋子擂鼓，各打各的。"（周

立波《山乡巨变》续篇 206 页）

歇后语单独作为句子用于对话时，前面往往加“唉”“咳”“嘿”等叹词。例如：

① 李丙坤笑着问：“德昌哥！你今年秋季分了多少粮食？”“唉！‘马尾穿豆腐——没法提’。还是和往年一样。”（《春花》62 页）

② 严振江急了，说：“你别胡说八道，我算什么干部？”“咳，木棍儿钉在墙上——大小算个橛（爵）儿。”（《晨光曲》265 页）

③ 杨万山两条板刷似的浓眉往上一挑，爽气地说：“三个字：不同意！”“为甚？”“嘿！河心的船——明摆着嘛。单说春耕一项，再去揽那活计，两条战线，怕你纵有千条胳膊万只手也抓不过来。”（《松青旗红》81 页）

除了对话外，在一般叙述性语言中，有时也用歇后语单独充当句子。例如：

① 疙瘩爷心里也是这么想来，光靠愚公寨一个队去打山洞，就等于给山挠痒。老虎吃天——心高妄想！（《大路歌》430 页）

② 在沟北边，按说顶数这一户的房子好，一水是土改后新翻盖的，墙壁是砖边石心，顶上全是大瓦，……。可是，在沟北边，又顶数这一户的院墙不好，全是土打墙，……。荞麦面的肉包子，别看皮黑，一兜肉！（浩然《艳阳天》一卷 125 页）

③ 美国人在北平，在天津，在上海，都洒了些救济粉，看

一看什么人愿意弯腰拾起来。太公钓鱼，愿者上钩。嗟来之食，吃下去肚子要痛的。（《毛泽东选集》第四卷1384页）

歇后语充当复句里的一个分句时，既可以同别的分句组成联合复句，也可以同别的分句组成偏正复句。例如：

① 她们开玩笑不敢对强的小伙子，“雷公打豆腐，找软的欺”，她们就找到了王成义。（《建国十年文学创作选·曲艺》577页）

② 瞎子闹眼睛——没治了，旧毛病没改，又添了新错误。（《橱窗迎彩霞》455页）

③ “反正我高矮要看这场电影。”赵清说话的声音虽不大，但是矮子下河——安（淹）了心了。（《四川文学》1979年第5期第71页）

例①②里“雷公打豆腐——找软的欺”“瞎子闹眼睛——没治了”，分别和其他分句组成连贯关系的联合复句；例③里“矮子下河——安（淹）了心了”和其他分句组成转折关系的偏正复句。

两个歇后语并用时，可以组成并列关系的联合复句。例如：

① 群众一齐喊道：“哈哈！狗咬狗，两嘴臊；狼吃狼，对着嚎。这才真不假呢！”（《戎萼碑》286页）

② 儿子司冷回来了，上身穿着花格子衬衫，下身穿着鸡肠子裤，一进屋就拍着八仙桌气嘟嘟地骂：“狗戴嚼子胡勒，屎克螂戴花臭美！”（《娜敏伊虹》上288页）

歇后语充当复句里的一个分句时，主语一般不出现。即使歇后语的前一部分有主语，也不再起主语的作用，真正的主语或者是因对话而省，或者是因上下文而省。例如：

① 爹爹走了，我也躲起来了，金阴人派来要帐的狗腿子金四，寻到妈妈的头上来了，到了我家，……一进门就大喊大叫："癞蛤蟆躲端午，躲得了初一躲不了十五，砸了你们的骨头熬成油，也得清帐。"（《洮河飞浪》23页）

② 他看看天色，已近半晌，瞧瞧人数，脆瓜打驴——去了一半。（《万丈长缨》310页）

③ 黄鼠狼给鸡拜年，没安什么好心眼，你得注意他。（《惊雷》377页）

上面三例里，前一部分都有主语，进入句子作为分句之后，都不是分句的主语，分句的主语都没有出现。例①里"癞蛤蟆躲端午——躲得了初一躲不了十五"的主语是"你们"，由于是对话而省去；例②里"脆瓜打驴——去了一半"的主语是"人数"，承前省略；例③里"黄鼠狼给鸡拜年——没安什么好心眼"的主语是"他"，蒙后省略。

歇后语作为一个语法单位充当句子成分的时候，常见的是作谓语、宾语和定语，也可以作状语和补语。分别举例说明如下：

1. 作谓语。

在句中作谓语，是歇后语的一个常见用法。根据后一部分结构的语法性质，可以分为名词性谓语、形容词性谓语、动词性谓语和主谓谓语[①]四种类型。

---

①参看丁声树等著《现代汉语语法讲话》24—25页，商务印书馆，1961年版。

（1）名词性谓语。用作谓语的歇后语，后一部分的主要成分是名词，如：

① 一家子人筷子挟骨头——三条光棍，没个娘们，日子怎么过呀！（浩然《艳阳天》一卷1页）

② 来喜心里暗吃一惊："王晓玲，你电线杆上扎鸡毛，好大的掸（胆）子"。（《草原集》449页）

（2）形容词性谓语。用作谓语的歇后语，后一部分的主要成分是形容词，如：

① 可也真巧，一入伍，他就被分配到侦察连来啦！他高兴得两只手在屁股上一拍，一蹦三尺高。你说，还有比这更称心的事么？嗬，他心里白糖拌蜂蜜——甜透了。（《沸腾的军营》90页）

② 区队长说："这个家伙脑瓜顶上生疮，脚跟底下流脓——坏透了。带一批汉奸特务专门搜集我们的情报，破坏我们的地下交通。"（《革命春秋》23页）

（3）动词性谓语。用作谓语的歇后语，后一部分的主要成分是动词，如：

① "你聋子拉二胡——胡扯！"三石虎瞪眼道，"公社的地，怎成了你家的地？"（《漳河春》20页）

② 大队仓库保管员赵老成……挥动着两手大声地嚷道："这回饺子破了皮——露馅啦！他二秃子还说粮食是俺偷的，想吓唬俺，不让俺说，俺才不怕呢！"（《惊雷》609页）

在这种动词性谓语前面，常常出现副词"就"或"别"，如：

① 反正从一打算分组，他就黄鼠狼与鸡拜年，没安好心，

光想着咱们的笑话。(《不敢露面的队长》157 页)

② 刘改梅抱怨了一阵,忙给老头子倒盆洗脸水,接着又叨叨开了:"你呀,就狗扑耗子多管闲事,劳累了半夜,给你多记了几分?"(马烽《我的第一个上级》190 页)

③ 他白了铁鹰一眼说:"行啦,你别喇叭匠扬脖子——又起高调了。"(《青石崖》197 页)

④ 有邢队长在此坐镇,我看咱俩都别六个指头搔痒——多那么一道子吧!(《龙岗战火》213 页)

例①里的"就",强调在很久以前已经发生;例②里的"就",加强肯定语气;例③④里的"别",表示禁止或劝阻。

在这种动词性谓语之前,还可以加"该""得""能""要"等助动词。"该"和"得"多用肯定式,"能"和"要"多用否定式。例如:

① 凤姐儿笑道:"外头已经四更多了,依我说:老祖宗也乏了,咱们也该'聋子放炮仗——散了'罢?"(《红楼梦》第 54 回 622 页)

② 光说不算,咱们得碌碡碰砘子,石(实)打石(实)的!(《沧石路畔》89 页)

③ 他又转身问我:"马教导员,你来吧!这是正经场面,我不能满天刷浆糊——糊云(胡云)哪!"(曲波《桥隆飙》314 页)

④ 孙茂良见郝同喜小看自己,自然不服气,就冲着郝同喜叫喊道:"你不要门缝里看人,把人看扁了,老子今天也要和你比试比试呐!"(胡正《汾水长流》226 页)

（4）主谓谓语。用作谓语的歇后语，后一部分是主谓结构，如：

① 过去两年多，特技师窗户眼吹喇叭——名声在外，他参加全国群英会，还不是塔林矿石与外地富矿混合冶炼的结果吗？（《草原的早晨》72—73页）

② 一进门，刘二奎回过身来，扭歪着脸恶狠狠地说："你们阎王桌上抓供果——自己找死，竟敢混到这里装神弄鬼，……"（《飞兵赤水》269页）

2. 作宾语。

在句中作宾语，也是歇后语常见的一种用法，例如：

① 崔麻子老是骂他粗鲁，嫌他不善用计谋。此番又当了护路队长，死活想狗戴礼帽——装出点大人物的款儿来。（《龙岗战火》81页）

② 八戒点头道："我理会得。但你去，讨得讨不得，趁早回来，不要弄做'尖担担柴两头脱'也。"（《西游记》第57回661页）

例①"狗戴礼帽——装出点大人物的款儿来"作动词"想"的宾语，例②"尖担担柴——两头脱"作动词"弄做"的宾语。

歇后语作宾语时，动词常常是"变成""成""叫""叫做""来（一）个"等不表示具体动作行为的动词。例如：

① 尽管这次扫荡之前，杜虎不止一次地向他绘声绘色地讲过这位区武委会主任的外貌和口音，如今真正对着窦梨花，邢老四却变成了瞎狗端星星——死活看不出样儿来。（《龙岗战火》79页）

② 乔保一看常发贵这副模样，脸拉得更长了，说："我现

在也成了和尚的脑袋——没发(法)。你赶早准备上群众会议交代吧。”(《靠山堡》114 页)

③ 这时候张胖子嘿嘿干笑了两声,从袖筒里拿出把扇子,扇了扇,东拉西扯地接着老德厚方才说的话:“是啊,入了社就是撑不着饿不着,这叫癞蛤蟆打苍蝇,将供嘴。”(《换地》26 页)

④ 那女子都跳下水去,跃浪翻波,负水玩耍。行者道:“我若打他啊,只消把这棍子往池中一搅,就叫做‘滚汤泼老鼠——一窝儿都是死’。”(《西游记》第 72 回 825 页)

⑤ 我可憋不住了,干脆来个针尖对油捻——挑明了。(《摇楼记》216 页)

⑥ 蒋公见这一首没难倒师父,就索性来一个“瞎子算命——直言开谈”了。(《民间文学》1962 年 2 月号 121 页)

歇后语作宾语时,最常见的动词还是用法比较特殊的“是”和“象”。下面先讲歇后语作“是”的宾语时的情况。

歇后语作“是”的宾语所组成的动宾结构,具有表示判断、说明、解释、归属等作用。

表示判断的,如:

① 永生一听,又气又疑:“他连顿饭都不管,能借给粮食?果真是他借给的,也是黄鼠狼给鸡拜年——没安好心!”(郭澄清《大刀记》一卷 223 页)

② 现在敌人是临死蹬棺材盖儿,没几下蹬踩头了!(刘子威《在决战的日子里》332 页)

③ 其实，你应该带他一道来，用不着向阎王禀报。你这是六指儿搔痒，额外多一道子。（姚雪垠《李自成》一卷下册 687 页）

表示说明的，如：

① “唉！别提了。俺是黄连树下一根草，苦苗苗。”赵继宗深深地叹了一口气。（《惊雷》263 页）

② 社员们都称赞他说：“别看我们队长不声不响，他是‘喉咙里吞了萤火虫——嘴巴不响，肚里明白’，生产上很有一手。”（《春风杨柳》85 页）

③ 只要咱攥紧拳头，努力想办法，啥妖魔鬼怪也缠不了身，更能分清谁是真心真意地惦记着灾区的阶级亲人，谁是黑老鸹叼泥球儿——支着嘴儿。（《云燕》299—300 页）

表示解释的，如：

① 塔涉干大声叫起屈来：“一家哪知一家事，我家实情是花被盖鸡笼，外表好看里头空。”（《闹海记》上 182 页）

② 咬金说：“我这个做买卖的与别人不同，我是姜太公钓鱼，愿者上钩。谁看我的筢子编得结实，他自然就买。就算我三天不开张，我也不着急。”（《评书传统作品选》208 页）

③ 罗老九叹了口气，说：“我是旱天的田螺，有口难开啊！他削掉了我的手指，我打伤了他的额头，还不明不白地害了他的老婆！鬼晓得是怎么回事？”（《云飞嶂》270 页）

表示归属的，如：

① 别看我天天紧忙乎，又磨豆腐又点浆，其实是奶妈抱孩子，人家的。保安队一来，八翠就下了圣旨，天天逼我做一锅豆腐，也不给钱。（杨朔《中国人民的脚步声》111页）

② 赵大娘一出门，李麻子、瞎玉海领着人正进院；赵大娘说："嗳哟！玉海！你大哥！你们是戴着乌纱弹棉花，有功（弓）之臣哪！"（李英儒《战斗在滹沱河上》50页）

③ 李春三毛毛楞楞说："我看你是贾家的姑娘嫁贾家，贾（假）门贾氏！明是熊蛋包，还要往自己脸上贴金。"（杨朔《三千里江山》91页）

歇后语作"是"的宾语时，后面有时可以加"的"，构成"是+歇后语+的"的格式，如：

① 我想大海不会有什么意见，只要你能同意下来，这件事就是"崖头缝里逮蟹子——十拿九稳"的了。（《激浪奔腾》15页）

② 那宝玉是个"丈八的灯台，——照见人家，照不见自己"的，只知嫌人家腌臜，这是他的房子，由着你们遭塌。越不成体统了。（《红楼梦》第19回197页）

歇后语作"是"的宾语组成动宾结构时，前面往往加副词"真""实在""正""可"等，强调所说的事情的真实性。例如：

① 他不折不扣地贯彻执行党的路线、方针、政策，全心全意地为贫下中农着想，干起事来嘛那真是"穿钉鞋拄拐棍——步步把实"。（《连云浪花》174页）

② 自己过去虽然学写过一些快板、顺口溜，可要我讲出一套来，左想右想，实在是“马尾提豆腐——串不起来”。（《延安的种子》150 页）

③ 郓哥道：“你正是‘马蹄刀木杓里切菜’，水泄不漏，半点儿也没得落地。直要我说出来，只怕卖炊饼的哥哥发作。”（《水浒全传》第 24 回 402 页）

④ 刘祥也火了：“我是见事不平，说几句公道话！村长你说我这是起哄，你这可是马嚼子戴在牛嘴上——胡勒。”（浩然《金光大道》63 页）

“是”前面还可以加副词“不”表示否定。在这种情况下，它同歇后语组成的动宾结构通常表示反问的语气，而实质上语气更加肯定。例如：

① 这样的活儿，只要会写几个阿拉伯数字，谁都干得了。要我去干这一行，不是顶门杠当针使——大材小用了吗？（《碧水长流》89 页）

② 马升旺拍着胸脯，虎头虎脑地喊道：“依我看，梁则守听到热泉村三个字，头皮都发麻，就算他敢来，还不是猫舔虎鼻——自己找死？”（《长缨颂》146 页）

③ 他心里忽然有了一线希望，想道：“要不，借社里的井用用吧！反正他们的地也浇完了！”可是自己又立刻把这个念头打消了，自言自语地说道：“那不是老虎吃蚊子，枉张空口！”（马烽《我的第一个上级》68 页）

歇后语作“是”的宾语所组成的动宾结构，除了表判断、表说明、表解释、表归属之外，还有表比况的作用。表判断，表说明、表解释、表归属，主要是就“是”同歇后语的后一部分的组合来说的，而表比况则是就“是”同歇后语前一部分的组合来说的。值得注意的是，当“是”的宾语是判断性的歇后语时，“是”便不再与后一部分发生关系，而只与前一部分发生关系。试比较：

① 在“满洲国”，咱们哥俩是一样，都是马杓子吊起来当锣打，穷得叮哩当啷响。（周立波《暴风骤雨》190页）

② 不是不来，我一开头，就随队长，还能半道妥协吗？我是想：咱们是孔夫子搬家，净是书（输），心里真有点点干啥的。（周立波《暴风骤雨》122页）

③ “唉！”姑娘举步要走，又叹口气：“没有啥，左思右想，我是癞蛤蟆想飞——不是上天的料。”（《安徽短篇小说选》194页）

例①“马杓子吊起来当锣打——穷得叮哩当啷响”是说明性的歇后语，“是”既可与前一部分“马杓子吊起来当锣打”组合，也可与后一部分“穷得叮哩当啷响”组合，前者表示比况，后者表示说明。例②③的情况则不同，“孔夫子搬家——净是书（输）”“癞蛤蟆想飞——不是上天的料”，都是判断性的歇后语，“是”只与前一部分发生关系，表示比况，而不与后一部分发生关系，如不能说“‘是’‘净是书（输）’”“‘是’‘不是上天的料’”。在这种情况下，不再是整个歇后语作“是”的宾语，作“是”的宾语的只是歇后语的前一部分，后一部分直接与“是”的主语发生主谓关系，构成另一个分句。“咱们是孔夫子搬家，净是书（输）”“我是癞蛤蟆想飞——不是上天的料”，分别等于“咱们是孔夫子搬家，（咱们）净是书（输）”“我是癞蛤蟆想飞，（我）不是上天的料”。

歇后语作“象”的宾语时，也具有这种特点。“象”也只与歇后语的前一部分发生组合关系表示比况，不与后一部分发生关系。例如：

① 跟她在一块儿，我象豆腐掉到灰堆里，打也打不得，吹也吹不得，左右都不行。(《人民文学》1979 年第 9 期 91 页)

② 牛大眼被张老松暗顶了一下，阴谋没有得逞，他真象黄鼠狼吃刺猬——不知从哪里下嘴。(《激战长空》82 页)

③ 过去两人在一起手拉着手干了两年，也有过小的分歧，那不过象微风吹起的涟漪，现在王仲敏回来只两天，两个人就象大年午夜的鞭炮——一阵接一阵地崩。(《青石崖》38 页)

从上面这些例子里可以看出，“象”只分别与前一部分“豆腐掉到灰堆里”“黄鼠狼吃刺猬”“大年午夜的鞭炮”组合成动宾结构，都不与后一部分“打也打不得，吹也吹不得”“不知从哪里下嘴”“一阵接一阵地崩”发生组合关系。

正因为这样，如果“象”后面带“一样”“那样”和它搭配，“一样”“那样”总是放在歇后语前一部分后面，而不放在后一部分后面。例如：

① 的确，一共有不到一百五十平方米厂房和六七台普通机床的工厂，要在二十六天的时间，制造出拖拉机来，岂不象老虎吃天一样摸不着边吗？(《天山战歌》469 页)

② 曾再兴很不耐烦地说：“怎么个个都象池塘里的癞蛤蟆一样，叫起来没有个完？依我说，管他娘！要干，马

上就动手！”（《武陵山下》下486页）

③ 柳志春打断李妈妈的话说：“你不要再象癞蛤蟆垫台子脚那样去硬撑了。春汛不预分，不但那几户富裕渔民不同意，渔工、贫下中渔也会有意见。”（《大海的怒涛》84页）

3. 作定语。

歇后语在句中作定语，起修饰后面名词的作用，它和名词之间一般要加助词“的”。例如：

① 柳大筐是祖传的编筐匠，父亲一辈子，是窗户眼吹喇叭名声在外的老实人。（《西辽河传》209页）

② 凤阳老人说道：“彩虹说的，真是牛骨头敲梆子——磕骨打髓的话呀，你得好好思量思量。”（《长虹》431页）

③ 谁不知道，眼下穿江管线，是碌碡砸在碾盘上——硬碰硬的任务，是联络南北两岸输油管线的脖子。（《油浪滚滚》161页）

4. 作状语。

歇后语在句中作状语，着重描写动作的情态，它同后面的动词之间一般要加助词“地”，例如：

① 今天我可是碌碡砸石头——石（实）打石（实）地什么话也给你抖了。（《漳河春》106页）

② “不是你弄掉的，那你就别踩它。”赵坤和眼里冒了火。“是老子故意踩它的吗？鞋底上还能长对眼睛瞧着！”真是石头碰在钢板上，硬碰硬地吵起来，谁也不肯让

一步。(《三号闸门》85 页)

③ 两头老人催着他们年前结婚，秀英一直没吐口，小强他爹娘就老头儿拉胡琴，自顾自(吱咕吱)地忙活起来了。(《龙滩春色》114 页)

5. 作补语。

歇后语在句中作补语，通常表示动作的结果，它和前面的动词之间一般要加助词“得”或量词“个”。

加“得”的，如：

① 几句话，把个马连福说得张飞穿针——大眼瞪小眼，后脊梁背苏苏地冒凉气。(浩然《艳阳天》一卷 163 页)

② 在这鲜明对比之下，这两位富裕中农愈加感到：当初参加中农社本想捞点油水的，由于看错了人，投错了门，结果弄得长秃疮害脚气——两头不落一头。(《闪光的年华》289 页)

③ 你在厂里总是说没有什么了不起！到了家里来，就急死了，急得“猴子吃胡椒”，乱抓了。(《上海十年文学选集·戏曲剧本选》541 页)

加“个”的，如：

① 只有将伤员叔叔转移出去，鬼子汉奸才会落个柳条篮子打水——一场空。(《中篇小说集》16 页)

② 胖得出奇的胡风风，飞着风沙眼，瞟了喜气洋洋的男人一眼，撇了撇嘴说：“看你乐的，不要闹个猫咬猪尿泡，空喜欢一场。”(《奔腾的大黑河》12 页)

③ 白丽朵为难地说：“这不嘛，我把情况一字不漏地跟

老朝作了汇报，老朝指示一定要保证沙漠水库的需要。这一下子我闹了个武大郎攀杠子——上下够不着了。”（《娜敏伊虹》上298页）

歇后语除了如上所述作为一个完整的语法单位充当句子的构成成分[①]外，它的前后两个部分还可以被拆开来成为两个语法单位起不同的作用。常见的有两种情况。一种情况是，前后两部分被拆开后，后一部分充当句子的某种成分，前一部分从句子里提出来成为独立成分。例如：

① 金山插了一句，说：“金叔，猫头鹰报喜，这两天你可真是丑名在外。”（《太行风云》85页）

② 这是个总把口，他就是到卧龙泉，也得返回来走这道桥，瞎子站柜台，我看咱在这里死等这锤买卖好了。（《太行风云》427页）

③ 陈老甩隔门缝瞧着李宝泰，伸长胳膊用烟袋锅子点住他的鼻子，说：“蒜头疙瘩戴凉帽，依我说，你趁早不要装大头鬼！你那点鬼心眼儿，一眼就瞧你个透心亮。”（《太行风云》355页）

例①“猫头鹰报喜，这两天你可真是丑名在外”，本为“这两天你可真是猫头鹰报喜，丑名在外”，“猫头鹰报喜，丑名在外”作“是”的宾语；为了强调“猫头鹰报喜”，把它和后一部分拆开，提到句子前面，成了独立成分，只剩下“丑名在外”充当“是”的宾语。例②“瞎子站柜台，我看咱在这里死等这锤买卖好了”，本为“我看咱在这里瞎子站柜台，死等这锤买卖好了”[②]，

---

① 严格地说，应把歇后语作“是”“象”的宾语表示比况的除外。

② “死等这锤买卖”本为“死等买卖”，“这锤”也是加进去的，但不影响整个结构关系。

是句子里的一个分句，“瞎子站柜台，死等这锤买卖”作这个分句的谓语；拆开后，“瞎子站柜台”成了独立成分，剩下“死等这锤买卖”作谓语。例③“蒜头疙瘩戴凉帽，依我说，你趁早不要装大头鬼”，本为“依我说，你趁早不要蒜头疙瘩戴凉帽，装大头鬼”，“蒜头疙瘩戴凉帽，装大头鬼”作谓语；拆开之后，“蒜头疙瘩戴凉帽”成了独立成分，剩下“装大头鬼”作谓语。

另一种情况是，前后两个部分被拆开后，分别作句子里的构成成分。例如：

① 不等郭长河开口，冯金仓上前夺过他手中的检查，手指一拧撕了个粉碎，朝张梦夫的脸上猛地一摔，喝道：“你小子狗啃麦苗，不要装羊（样）了，今天我才算认出了你的骨头！”（《洪流滚滚》253页）

② 乔保还告诉他，这下车把式撤不了，“三件宝”也保住了，还可以放羊拾柴禾，发动一些人出外揽活，捎带挣点别的“外快”。（《靠山堡》285页）

例①“你小子狗啃麦苗，不要装羊（样）了”，本为“你小子不要狗啃麦苗，装羊（样）了”，“狗啃麦苗，装羊（样）”作谓语；拆开后，“狗啃麦苗”成了主谓结构作谓语，与“你小子”组成一个分句，“装羊（样）”成了另一个分句的谓语（主语“你小子”承前省略）。例②“还可以放羊拾柴禾，发动一些人出外揽活，捎带挣点别的‘外快’”，本为“还可以发动一些人出外揽活，放羊拾柴禾，捎带挣点别的‘外快’”，“放羊拾柴禾，捎带”作谓语；拆开后，“放羊拾柴禾”和“捎带”分别作两个分句的谓语。

六、歇后语的修辞作用

歇后语的前一部分，在表义上只起着辅助作用，在语法上多数情况也是起辅助作用，但在修辞上却处于很重要的地位。歇后语最基本的修辞作用，就在于通过它前一部分所表示的形象、感情等色彩，使后一部分所表示的语义形象化，并在此基础上，使语言具有诙谐性和讽刺性的特色。

（一）形象化是歇后语在修辞上的基本作用

通过前一部分所表示的形象色彩，使后一部分所表示的语义形象化，是歇后语在修辞上最基本的作用，试比较：

① 他是梁化之的红人，外号霍三孙，平日里抓人杀人，敲诈勒索，坑害百姓，坏透了。（《解放太原之战》295 页）

② 这东霸天真是头顶长疮，脚底流脓——坏透了。从敌人占领岛子以后，他整天价不是收税收捐，就是杀人倒算。（《渔岛怒潮》380 页）

③ 三十几个敌军官大眼瞪小眼，谁也不说话。（《解放太原之战》）

④ “村南……桥……这桥叫什么呢？”他结结巴巴地问同伴。可是他的同伴被问得象“张飞穿针——大眼瞪

小眼”，答不上腔来。（《海疆儿女》214 页）

⑤ 城门洞里还有一个连的敌人，……他们在我军炮火轰城时就已吓蒙了。这时，又见冲过来不少解放军战士，一个个全都慌了神。（《解放太原之战》211 页）

⑥ 贾之新这下更是土地爷扑蚂蚱——慌了神了。他端着两盘鱼，挤在人群里，东遮西拦地劝人："哎哟哟，大伙别闹了。这都怪我不好，考虑问题不周全。……"（《三探红鱼洞》上 294 页）

例①"坏透了"是一般说法；例②，在"坏透了"之前加上"头顶长疮，脚底流脓"，成了歇后语，比较一下就可以看出，后者通过"头顶长疮，脚底流脓"把"坏透了"形象化了。例③"大眼瞪小眼"指干着急说不出话来，本来就是一种形象的说法；例④改用歇后语，通过"张飞穿针"把"大眼瞪小眼"进一步形象化了。例⑤"慌了神"指心慌意乱，不知所措；例⑥改用谐音性歇后语"土地爷扑蚂蚱——慌了神"（"慌"为"蝗"的谐音），"土地爷扑蚂蚱"虽然与"慌了神"只是间接地发生关系，但同样能通过联想而收到形象化的效果。

歇后语的前一部分在使语言形象化上有两个明显特点：一是取材广泛；二是想象丰富。

歇后语前一部分的取材，涉及社会生活的许多方面，尤以人、鬼神、动物、植物、食物和各种器物为常见的描述对象。

以人为描述对象的，牵涉面很广。有以历史上、古典小说、戏曲或传说故事里的人物为描述对象的，如"韩信将兵——多多益善""杜十娘的百宝箱——全部家当在里面""崔莺莺送郎——一肚子苦说不出”“何仙姑回娘家——云里来雾里去”等；有以生理上有某种缺陷的人为描述对象的，如“瘸子挑担子——一步步来”“瞎子背拐子走路——由你指点”“秃子跟着月亮走——借光”“两个哑巴吵嘴——不知谁是谁非”等；有以老汉、妇女、小孩为描述对象的，如“老头吃糖——越扯越长”“俏媳妇戴凤冠——好上加好”“大姑娘说媒——难张口”“孩子没娘——说来话长”等；有以各行各业、各种不同身份的人为描述对象的，如“木匠吊线——睁一只眼，闭一只眼”“铁匠绣花——软硬功夫都有”“圣人喝盐卤——明白人办糊涂事”“和尚敲木鱼——天天总翻那本经”等；还有以某种假想的人为描述对象的，如“属蚯蚓的——少露面”“木头人投河——不沉（成）”“王小二过年——一年不如一年”等。

以鬼神为描述对象的，如“寿星老上吊——活得不耐烦了”“龙王爷叫水推——神神顾不了神神”“小庙的鬼——上不了琉璃大殿”“吊死鬼问路——没有好道道”等。

以动物为描述对象的，如“狗熊耍把戏——混充人形”“鸭子钻阴沟——顾嘴不顾身”“老鹰抓蓑衣——脱不了爪”“蚊子叮菩萨——认错了人”等。

以植物为描述对象的，如“玉米开花——到顶了”“老葫芦爬秧子——越扯越长”“牵牛花上了钻探机——架子不小”“墙上一蔸草——风吹两边倒”等。

以食物为描述对象的，如“窝窝头翻个——显大眼”“稀饭泡米汤——清（亲）上加清（亲）”“狗肉丸子——上不了席”“山里红包粽子——不象个枣”等。

以器物为描述对象的，如“竹筐挑水——两头空”“没后跟的破鞋——提不起来”“草帽当锅盖——处处走气”“流水簿做袍子——满身都是账”等。

此外，还有不少歇后语的前一部分以某种动作、行为或现象为描述对象，如“怀里揣冰棍——一下子凉到心了”“石头上栽葱——扎不下根”“披着虎皮进村——吓唬老百姓”“下雨天出太阳——假晴（情）”等。

以上只是举一些常见的例子，实际上歇后语前一部分的取材还要广泛得多。这样广泛的取材，就使歇后语前一部分所描述的形象显得生动活泼，变化多端，能适应多方面的表达需要。

歇后语的前一部分不仅取材广泛而且想象丰富。这是歇后语在形象化上的另一个重要特点。

应当指出，有不少歇后语前一部分描述的是现实生活中存在的事物，如“兔子尾巴——长不了”“冬天的大葱——根枯叶烂心不死”“大海里行船——看不到边”“大年初一吃饺子——没外人”等。但是，更多的歇后语，前一部分所描述的是现实生活中不大可能存在或者根本不可能存在的事物，这些歇后语的前一部分是人们运用各种各样的手法想象虚构出来的。比较常见的手法是：

1. 把无生物或一般动物当作人来描述，相当于修辞上“比拟”格里的拟人法。例如：

泥菩萨洗脸——越洗越难看

老虎推磨——不听那一套

蚂蚁戴眼镜——自觉着脸面不小

老鼠替猫刮胡子——拚命地巴结

癞蛤蟆坐金銮殿——梦想

“洗脸”“推磨”“戴眼镜”“刮胡子”“坐金銮殿”，本来是人才有的动作，用来描述“泥菩萨”“老虎”“蚂蚁”“老鼠”“癞蛤蟆”，这样就把它们想象成人的样子，赋予人的思想感情和动作情态。当然，这是就歇后语本身来说的，如果从说话的人运用歇后语的角度上看，则是把人当作动物来说，带有拟物性质。

2. 故意言过其实，对事物作扩大或缩小的描述，相当于修辞上的“夸张”格。

故意扩大的，如：

丈二宽的长袍——大腰（摇）大摆

九十岁老翁学武术——上气不接下气

一张纸画一个鼻子——好大的脸面

冬瓜大的茄子——嫩不了

故意缩小的，如：

两分钱开当铺——周转不开

三个钱买条毛驴——自夸骑得

四两猪头——懒得刮

九两线织布——想得稀奇

3. 把实际上不见不闻的事物，说得如见如闻，好象实有其事，相当于修辞上的“示现”格。具体分析有三种情况：

一种是带有追述性的，如：

张飞吃豆芽——小菜一盘

关公卖豆腐——人硬货软

猪八戒照镜子——里外不是人

孔夫子搬家——净是书（输）

“张飞吃豆芽”“关公卖豆腐”“猪八戒照镜子”，虽然不是不可能的，但在《三国演义》《西游记》里都找不到根据；“孔夫子搬家”也很可能，但历史上找不到根据。都是通过想象把过去的事情说得仿佛在眼前。

另一种是假设性的，如：

对着镜子作揖——自己恭维自己

大路边上打草鞋——有的说长，有的说短

茶壶里煮饺子——倒不出来

穿着蓑衣救火——引火烧身

作揖是向人表示敬意，一般不会对着镜子作揖；草鞋一般在家里打，不大可能在大路边打；茶壶里虽然也可以煮熟饺子，但稍有生活常识的人是不会在茶壶里煮饺子的；蓑衣是用草或棕制成的防雨用具，正常的人是不会穿着蓑衣去救火的。这些都是把现实生活中不大可能出现的事情，通过假设说成真的，呈现在眼前。

再一种是悬想性的，如：

筷子搭桥——难过

老虎拉碾子——谁赶（敢）

长虫吃扁担——直棍一条

踩着梯子摘星星——离天远着呢

半天云中扭秧歌——空欢喜

站在黄河两岸握手——差得太远

一百只蛤蟆拉辆车——只见头动弹，不见车动弹

用筷子是根本不可能搭成桥的，老虎不可能拉碾子，长虫不可能吃扁担，踩着梯子不可能摘下星星，站在黄河两岸不可能握

手，蛤蟆再多也拉不了车。这些都是现实生活中不可能出现的事情，却通过悬想的示现，把它们说得如在眼前一般。

歇后语的前一部分，就是运用比拟、夸张、示现等手法，形成丰富的想象。这种丰富的想象和广泛的取材结合起来，使歇后语在使语言形象化上具有独特的风格。

歇后语前一部分所具有的这种独具一格的形象性，使它在进入句子以后，起着“比”和“兴”的作用。下面先说“比”，然后再说“兴”。

比，就是比喻或譬喻。歇后语的前一部分在一定的上下文中可以起“比”的作用，这在本书的第一部分已经提到，这里再作进一步的说明。

歇后语的前一部分作“比”，同一般的比喻既有相同的地方，也有不同的地方。相同的地方在于它同一般比喻一样，也有明喻、暗喻，借喻三种形式：

相当于明喻的，如：

① 山风毫不迟疑地往后一摆手：“撤！”“撤？”匪副官真象半夜吃黄瓜——不知头尾了。（《青山网》326页）

② 怪不得人说你们诗云子曰的人难讲话！这样看来，你好象老鼠尾巴上害疖子，出脓也不多！（《儒林外史》第14回175页）

③ 有的同志，会前无调查，无准备，对于要研究和解决什么问题，心中无数，开起会来好比脚踩西瓜皮——溜到哪里算哪里。（《新湘评论》1978年第1期60页）

④ 他的才华与众不同，他发表的三篇论文，仅仅是他才

华的初露，攻“高大精尖”革新项目的活动，如同耗子拉木锨——大头在后。（《草原的早晨》93 页）

“半夜吃黄瓜”“老鼠尾巴上害疖子”“脚踩西瓜皮”“耗子拉木锨”，都起着喻体的作用，分别通过比喻词“象”“好象”“好比”“如同”与本体（比喻的对象）构成“甲象乙”的格式，所以相当于明喻。

相当于暗喻的，如：

① 这么一来，谣言又象黑老鸹似地，飞遍全屯。有的说：“中农是过年的猪，早晚得杀。”（周立波《暴风骤雨》321 页）

② 祝永康掏香烟，双手递给万寿年一支。……万寿年接过香烟，道：“这成了饭店臭虫——在家吃客。”（《风雷》40 页）

③ 严锡侯第二次抓来三百多老百姓，勒索七百多石粮食，一千四百万元现洋，鲁大和尚只分得三成，这叫做蛇吃鳗鱼比长短。（《淮河边上的儿女》189 页）

④ 一来都是年青力壮的生力军，二来水性也确实高明，他们凫到那人的身边，一点也不费劲地把它带到岸边。“这叫做驼子作揖，起手不难。”亭面糊说。（周立波《山乡巨变》续篇 221 页）

“过年的猪”“饭店臭虫”“蛇吃鳗鱼”“驼子作揖”，分别通过比喻词“是”“成”“叫”“叫做”与前面的本体发生关系，构成“甲是乙”的格式，所以相当于暗喻。

相当于借喻的，如：

① 我弯下腰，朝密糊糊的杉树林子仔细地观察着。嘿！

五六个穿着黑糊糊的衣服、头顶钢盔的家伙钻了出来。“兔子叫门，送肉来了。”我端起冲锋枪就想扫。（《志愿军一日》上第1编396页）

② 她在想：“她为什么要送田给我？有田多好啊！分田？还不知道是真是假，等到哪一年欧！老鸦飞过望下蛋——真是痴心妄想！……”（《高山大峒》88—89页）

③ 凤子气哼哼地说：“在麻袋片上绣花，底子不好。对他帮助多了，他还有反感呢！谁不知道他，他干过一天正经活吗？从前给段撇拉家扛长活的时候，也是个领工的。他不是个正经八百的庄稼人。”（《雁塞游击队》330页）

“兔子叫门”既是喻体又代替了上文“五六个穿着黑糊糊的衣服、头顶钢盔的家伙钻了出来”的描述；“老鸦飞过望下蛋”既是喻体又代替了上文盼望分田的想法；“在麻袋片上绣花”既是喻体又代替了下文所叙述的帮助一个本质不好的人改正错误的做法。都是既不出现本体，也不出现比喻词，形成“甲代乙”的格式，所以是借喻。

歇后语的前一部分作“比”，又有不同于一般比喻的地方：

第一，大家知道，构成比喻的一个基本条件，就是喻体和本体本质上不同但有一点极相似，这个相似点，一般比喻可以不说出来，如“一切反动派都是纸老虎”“马克思主义的方法就是政治上军事上的望远镜和显微镜”等。但是，用歇后语作“比”，相似点一般要说出来。这个相似点不是别的，就是歇后语的后一部分“注释”。

第二，一般比喻有时也说出相似点，如“我们揭发错误，批评缺点的目的，好象医生治病一样，完全是为了救人。”“完全是为了救人”是相似点。但是，这个相似点和喻体是临时组合的，而以歇后语作“比”时，相似点（歇后语的后一部分“注释”）和喻体（歇后语的前一部分“引子”）是相对固定地结合在一起的。

第三，一般的比喻，由于相似点往往不说出来，所以喻体必须贴切，易为人们所理解，使人一看就明白。歇后语作“比”时，由于一般要说出相似点，而且相似点和喻体相对固定地结合在一起，所以它不大考虑喻体和本体是否贴切，而更多地追求喻体的新颖奇特。

正如我们在本书第一部分里所指出的，并不是所有的歇后语进入句子以后都起“比”的作用。那么，这些不起“比”的作用的歇后语，前一部分起着什么作用呢？它们起着类似诗歌里“兴”的作用。

“兴”，就是起头。前人对什么是“兴”以及它和“比”的关系有过许多论述。刘勰《文心雕龙·比兴篇》指出：“比者，附也；兴者，起也。”又说：“比显而兴隐”。孔颖达《毛诗正义》说：“比者，比方于物，诸言‘如’者，皆比辞也”；“兴者，起也。取譬引类，起发己心，《诗》文诸举草木鸟兽以见义者，皆兴词也。”我们在这里不去专门讨论如何给“比”“兴”下个准确的定义，而是要着重说明歇后语用于句子之中，它的前一部分有时看起来似乎是“比”，但实际上更加类似“兴”：它们与上文没有什么比喻关系，只是起着“起发”下文（歇后语的后一部分“注释”）的作用。除了本书第一部分里所举的“骑在毛驴上看唱本——走着瞧”“百年松树，五月芭蕉——粗枝大叶”等外，下面再举数例：

① 郑老三老头也笑了笑说：“入社这事情咱不强迫，出社也是这样。咱也不能强迫人家非在里边不行。这和结亲戚一样，‘辘轳串当眼镜——各对各眼’。”（李准《李双双小传》94—95页）

② 虎子抬起头来看我，笑着说：“还夸奖呢，马尾串豆腐——提不起来啦！咱场没有电焊工，害得我翻山跑了四十多里路拜师求艺，才学个半拉架。你没看返工吗！”（《战斗的堡垒》85页）

③ 邬振中说：“跟谁学呀？团部的老号兵调走啦。说是要换个来，可到现在还没照面哩！我们几个都是刚来的，擀面杖吹火——一窍不通。”（《沉船礁》102页）

“辘轳串当眼镜”“马尾串豆腐”“擀面杖吹火”，都不与上文发生关系，只是分别引起下文“各对各眼”“提不起来”“一窍不通”，它们都明显地不起“比”的作用，而起“兴”的作用。

歇后语里还有象“九九八十二——算错账了”“两下子加半下子——两下子半”“薛仁贵不叫薛仁贵——叫白袍（跑）”等一类前一部分不带形象色彩的。这一类歇后语用于句中尽管前面有时也可以加“是”，但同样明显地不起“比”的作用。可是它们多多少少也能产生一点联想，尽管这种联系不如一般歇后语那么具体、那么富有想象，但也有助于增强语言的实感性。它们的前一部分在句中所起的作用也相当于“兴”，如：

① 押送俘虏的战士好歹拉开架，坐在一辆坏吉普车的

踏板上，好象对准郑超人的心事说："美国鬼子呀，这回是九九八十二，算错账了！"（杨朔《三千里江山》95 页）

② 周大通听罢，故意摆了个能家的架势说："要象这么瞎咧，咱大老周也不是吹牛，够得上是两下子加半下子——两下子半哩，不信咱随口就给你再来一段。"（刘子威《在决战的日子里》111 页）

③ 衣服打湿了，又饿了一天，一个鬼毛也没抓住。这真是薛仁贵不叫薛仁贵，叫白跑（袍）。（《枫香树》210 页）

（二）诙谐性和讽刺性是歇后语最突出的修辞特色

我们肯定歇后语前一部分在修辞上的重要性，并不意味着否定后一部分在修辞上的作用。事实上，歇后语前一部分在修辞所起的作用，处处离不开后一部分的配合。歇后语的诙谐性和讽刺性，就是在前后两个部分的巧妙配合下形成的。

诙谐跟讽刺既有联系又有区别。诙谐是指言语中对事物所表现出的一种轻松愉快的态度，而讽刺则着重于揭露和指责。歇后语的诙谐性主要表现在它的风趣、戏谑、含蓄、幽默上，在作品中我们常常可以看到这样的描写：

① 彭老总对部属的要求是很严格的。他自己也风趣地说："我这个人爱批评人，是高山倒马桶——臭名远扬。"（黄克诚:《丹心照日月，刚正垂千秋》）

② "你知道，你知道，知道怕你偷吃了。谁问你啦，真

仨鼻子眼多股子气。”辛凤鸣戏谑地说。（冯志《敌后武工队》82页）

③ 石老根诙谐地说：“我这是刚进庙的和尚念佛经——现学现唱！这几十个字都是养伤的时候人家教我的，学三个忘两个，胸口里没剩下几个了。”（《玉龙的眼睛》17页）

歇后语的诙谐性是怎样形成的呢？主要的有以下三种情况：

1. 前一部分描述的是一种新奇的想象，使人顿时感到莫名其妙，后面用一个贴切的注释，使人听了恍然大悟，从而产生妙不可言的感觉。例如：

① 宁金山一看马全有那两只眼角朝下的眼，以为马全有冲他发火。他心里象十五只吊桶打水，七上八下的。（杜鹏程《保卫延安》41页）

② 老郝头慢吞吞地说：“我有个啥？孤人一个，‘腿肚子贴灶王爷——人走家搬’啦。”（《洮河飞浪》25页）

③ 赵璧是个慷慨人，不信世间会有这种刻薄鬼，摆着手笑道：“我不信。我看你是吃柳条，拉筐子，肚子里编。”（杨朔《中国人民的脚步声》96页）

“十五只吊桶打水”“腿肚子贴灶王爷”“吃柳条，拉筐子”都是一种想象，人们一听便会惊愕，引起揣测，及至百思不解时看到后一部分注释，始悟出它的用意，不觉哑然失笑。

2. 有的歇后语前一部分描述的虽然不是一种想象，而是现实生活中存在或可能出现的事物，但由于后一部分的注释别有风味，也能产生妙趣横生的效果。例如：

① 在师团百十场对刺比赛中，他连连得胜，杀败了不少挂得上号的猛将，所以人们都说他是砌墙的砖头——后来居上。(《龙腾虎跃》52 页)

② 芒种见遂林来了，就兴奋地把买这两匹马的经过说了一遍，遂林笑着说："买下算了。这叫要饭的借算盘——穷有穷打算。他们买高头大马，咱就买这些老古董。"(李准《李双双小传》294 页)

③ 晚上指导员宣布："二牛抬杠犁地四亩，'闺女穿她奶奶的鞋——老样'。"引起了一场哄堂大笑。(《天山战歌》95 页)

例①"砌墙的砖头"本来是很平常的东西，但由于后面加了"后来居上"这样一个来自书面语却又为群众所熟悉的成语，显得很有风趣。例②"要饭的借算盘"是一件平常的事情，后一部分用了一个惯用语，其中"穷"字同"要饭的"呼应，"打算"同"借算盘"呼应，配合得非常巧妙。例③"闺女穿她奶奶的鞋"本来不足为奇，但由于后一部分"老样"二字出人意外，结果，"引起了一场哄堂大笑"。

3. 后一部分既和前一部分密切配合，又通过运用双关把意思引深一步，使人感到含蓄、幽默而又饶有风趣。例如：

① 凤姐笑道："我说他们不用人费心，自己就会好的，老祖宗不信，一定要我去说和；赶我到那里说和，谁知两个在一块儿对赔不是。倒象'黄鹰抓住鹞子的脚'——两个人都'扣了环了'！那里还要人去说呢？"说的满屋里都笑起来。(《红楼梦》第 30 回 327 页)

② 众老问："是那一位高徒去拿？"行者叉手道："是我

小和尚。”众老悚然道：“不济！不济！那妖精神通广大，身体狼犺。你这个长老，瘦瘦小小，还不够他填牙齿缝哩！”行者笑道：“老官儿，你估不出人来。我小自小，结实，都是‘吃了磨刀水的，秀气在内’哩！”（《西游记》第67回926页）

例①“扣了环了”表面上指黄鹰和鹞子的爪距相对扣紧，不易撒开，实际上比喻贾宝玉和林黛玉亲密得不肯分手，通过双关的两重意义，说得很含蓄，听起来很有风趣，结果博得一场欢笑。例②“秀气在内”里的“秀”是“锈”的谐音，一方面照应前一部分说肚里有刀的“锈”气，实际上指自己外表虽不怎样但有内秀，也很逗趣，同时又耐人寻味。

歇后语的诙谐性，使它在描绘艺术形象、表现人物性格上起着积极的作用。下面是收入《一九五八年散文特写选》的《姑嫂“谜”》里的两段描写：

桂蓉说：

“我给你说个谜猜猜吧！”

春芍想嫂子一定要训斥她了，不会有光沾，但还是笑着说：

“吐吐你的象牙！”

“‘羊群里跑个兔’，你猜这是啥意思？”桂蓉笑着说。

“啊——”春芍知道这是“歇后语”，嫂子把它说成是“谜”了，听着怪俏皮的，可猜不透是啥意思，又急着想知道，所以说：“此言怎讲？”

“羊群里跑个兔，数它小，数它精呀！”桂蓉说。

春芍知道是骂她，一定要打嫂子。

……

春苟为了感谢嫂子给自己买鞋面，所以俏皮地说：

“我也说个‘歇后语’来感谢你吧。”

“什么？”桂蓉没听懂。

春苟知道嫂子不知道什么叫“歇后语”，就改口说：

“我给你说个‘谜’呀！就是‘羊粪蛋里掉个落花生’……”

春苟刚说到这里，嫂子就要拧嘴，小姑赶快用手招架说：

“我的好嫂子，好队长，这不是骂你的话……”

“快说，看你吐的什么象牙！”

嫂子并没有把手放下，春苟干咳了两声，笑笑说：

“羊粪蛋里掉个落花生，看来看去嫂子是个好人（仁）呀！”

“这还差不多……”（《1958年散文特写选》180—182页）

在这两段姑嫂之间的对话中，用了两个很俏皮的歇后语，把人物形象刻划得活灵活现，充满了生活气息。

具有诙谐性的歇后语，一般来说，前一部分不带明显的贬义色彩。如果前一部分带有明显的贬义色彩，这类歇后语便往往具有讽刺性。例如：

① “这才是拉拉蛄穿大衫，硬称土绅士。”粮户讽刺他。（周立波《暴风骤雨》92页）

② 高柠子不等高大成发言，他讽刺二团长说：“你这是脱裤子放屁，多费一道手续。”（李英儒《野火春风斗古城》323页）

③ “哼，你‘茅厕里睡觉’——离死（屎）不远了，还有空闲做善人哩！”一个匪徒讽刺地说。（《红色交通线》53页）

歇后语的讽刺效果，也有赖于后一部分的配合。为了增强讽刺性，后一部分往往采用反问的语气或反语的形式。例如：

① 村里虽然万分的静，村西北的炮楼里，却吹拉弹唱的挺凶，贴墙根站着的贾正，不耐烦的朝炮楼的方向一瞥：“妈的，看你这秋后的蚂蚱，还能乍几乍？”（冯志《敌后武工队》138页）

② 赵永生等四人背贴河岸陡壁停下来。“他娘的，黄鼠狼给鸡拜年，还能有好心眼儿！这会儿人家放假三天吃喝玩乐，过大年叫咱们蹲城墙。”（《桐柏英雄》447页）

③ 干了半年，有两户嫌吃亏不干了。村里其他一些看热闹的，还说着什么：郑德明是“头上戴袜子——能出脚来了”等一类风凉话。（李准《李双双小传》39页）

④ 任保媳妇心花怒放：“哈，这王镯子也真是急着找人找不到，竟忘记我们的习惯，真是到老鼠窟窿藏粮——算找到地方了。”（冯德英《迎春花》372页）

例①里“还能乍几乍”意思是乍不了几乍了；例②里“还能有好心眼儿”，意思是没有好心眼儿，由于采用反问式，语气更加肯定，讽刺意味也就更加强烈了。例③的“能”和例④的“找到地方”都是反语，讽刺效果比正面地说大为增强。

有些歇后语的前一部分虽然不带贬义，但由于后一部分的配合和上下文的影响，也含有讽刺意味。例如：

① “呸！她那是鸭子死了嘴硬。我姐说了，现在是我们的天下啦，什么‘青竹蛇’，‘眼镜蛇’，那都是秋后的山蝉——叫不了几声啦！”小明轻蔑地说着。（《海疆儿女》21页）

② 刘春冷冷看了他一眼，蔑视地说：“想从我身上捞到什么，你是十二月天找杨梅，难上难呀！”（《云飞嶂》523页）

③ 十七、八岁的姑娘要打铁，这在山区里还从没有过，有人就说她是“麻包里装钉子，想露头”；有的人说她是“头上插扇子，出风头”。（《地下长龙》144页）

歇后语的讽刺性，对于塑造艺术形象、表现人物性格也起着重要的作用。《儒林外史》第六回，严贡生丢了几片云片糕之后，连用“猪八戒吃人参果——全不知滋味”“半夜里不见了枪头子——攮到贼肚里”两个歇后语来讽刺掌舵的，这种讽刺反倒暴露了他自己的丑恶灵魂。《红楼梦》第六十五回，贾琏、贾珍调戏尤三姐时，尤三姐连用“清水下杂面——你吃我看”“提着影戏人子上场儿——好歹别戳破这层纸儿”“偷来的锣鼓儿——打不得”三个歇后语，辛辣尖刻地嘲讽了这封建统治阶级的两个纨袴子弟，突出地显示了尤三姐坚贞不屈的叛逆性格。这些都是大家所熟悉的。下面再举《金瓶梅》第六十一回潘金莲用猫吓死了李瓶儿的娇子之后所说的一段话：

话说潘金莲见孩子没了，每日抖擞精神，百般称快，指着丫头骂道：“淫贼妇！我只说你日头常晌午，却怎的今日也有了错的时节？你斑鸠跌了弹，也嘴答谷了；春凳折了靠背儿——没的倚了；王婆子卖了磨——推不的了；老鸨子死了粉头——没指望了。却怎的和我一般？”

这一连串具有尖刻讽刺意味的歇后语，象连珠炮似地发射出来，生动地表现了潘金莲的泼辣狠毒。

歇后语的诙谐性和讽刺性，既有积极的一面，也有消极的一面。在严肃庄重的场合是不能用歇后语的，在科学论文、总结报告、法律条文里，也都不宜用歇后语，就是在文艺作品或日常用语中也要防止滥用。明万历年间罗懋登所作的《三宝太监西洋记演义》第三十二回里有这样一段描写：

> 三宝老爷说道：“这等一个小丫头，原来一肚子都是些金蝉脱壳。”天师道：“今番是个枯树盘根，动不得了。”王爷道：“还是个推车上岭，走不得了。”马公道：“还是个隔山取火，讨不得了。”姜金定自家说道：“我今日还是个倒浇蜡烛，由不得了。”

不根据内容需要，让每一个角色都来一句意义相近的歇后语，显得重复累赘，成了一种语言游戏，实不足取。老舍先生在《关于文学的语言问题》（见《福星集》，北京出版社 1958 年版）一文中曾经说过：“歇后语、俗语，都可以用，但用得太多就没意思。”这句话是值得我们深思的。

七、歇后语的规范化

歇后语既然是不同历史时期、不同地域，从事不同行业的广大群众所共同创造的，自然受到历史的社会的各种因素的影响，在内容上不可避免地掺杂着一些糟粕，在结构形式上也必然存在这样或那样的分歧。为了正确发挥歇后语的积极作用，必须通过规范化工作逐步消除歇后语中的消极成分，促进歇后语向正确的方向发展。

歇后语的规范化是一个非常复杂的问题，有待于大家共同来探讨。下面提出几个值得注意的问题，希望能起到抛砖引玉的作用。

（一）要注意歇后语的健康和文明

应该肯定，歇后语的主流是健康的，也是文明的，特别是那些带褒扬色彩的歇后语更是如此，如："芝麻开花——节节高""白糖蘸蜂蜜——甜上加甜""又娶媳妇又嫁女——双喜临门""绿绸衫上绣牡丹——锦上添花"等。中性的歇后语，绝大多数也是健康的、文明的，如："敲锣卖糖——各干一行""曹操诸葛亮——脾气不一样""城门口外的砖头——踢出来的""钟楼里的麻雀——耐惊耐怕""两股道上跑的车——走的不是一条路"等。

但是，歇后语毕竟是一种口头语汇，不可能纯而又纯，特别是多数贬义的歇后语，情况相当复杂。对这一部分歇后语，既不能一概肯定，也不能一概否定，要作具体分析，要注意划清下面两个界限：

1. 要划清带有阶级色彩的歇后语和反映剥削阶级意识形态的内容反动的歇后语之间的界限。

歇后语在阶级社会中产生，又长期在阶级社会中流行，不能不受阶级的影响，带有这样或那样的阶级色彩。这一点，本书的第四部分已经提到。这里需要进一步说明的是，我们不能由于部分歇后语带有阶级色彩，就得出歇后语有阶级性的结论。有的同志把歇后语看成是“表达思想的一个重要手段”，认为“歇后语所表达的思想不可能不带阶级性”①。这种说法显然不对。

首先，歇后语本身并不是表达思想的手段，它是汉语中的一种语汇，是用以表达思想的一种现成的语言材料。这种语言材料哪个阶级都可以用，例如：

① 那个姓王的对上首坐的人一拱手，说：“误会，误会，这是大水冲了龙王庙，一家人不认识一家人了。这位田先生的确是我们行辕二处的。”说罢，他就从身上取出一个梅花形状的徽章和一个本本，交给上首那个人看。（马识途《找红军》228—229页）

② 周伯伯伸出有力的手掌，紧紧地攥住杨晓冬的手：“怎么，你跟燕来他爸爸也是磕头换帖？真是大水冲了龙王庙，一家人不认识一家人。……”（李英儒《野火春

① 见马国凡、高歌东：《歇后语》216页，内蒙古人民出版社1979年版。

风斗古城》33页）

例①是国民党特务分子之间的对话，例②是革命者之间的对话，都用了“大水冲了龙王庙，一家人不认识一家人”这个歇后语，它为不同的阶级同样服务得很好。

其次，歇后语作为一种语言材料，本身虽也含有一定的思想内容，但是这种思想内容并不是非带阶级性不可的。象“老鼠拉木锨——大头在后”“老虎吃天——没法下口”“黄连树下弹琴——苦中作乐”“小葱拌豆腐——一青（清）二白”等一大批歇后语所包含的思想内容，显然是无所谓阶级性可言的。

第三，有些带有阶级色彩的歇后语，随着时间的推移，阶级色彩在逐渐消失，例如：

① 当干部是为了大家翻身，而不是为了自己发家，不是叫花子烤火——各扒各的堆堆。（《枫香树》136页）

② 在第五次反“围剿”中，……在前堵后追的敌人面前，不是积极地寻求战机歼灭敌人，而是“叫花子打狗——边打边走”。我军不管走或驻，处处受制于敌，每天都被“狗”咬着。（《星火燎原》（3）65页）

“叫花子烤火”“叫花子打狗”，原先都含有对旧社会受苦受难的贫苦人民的嘲笑，但经过长期的使用，人们越来越把注意力集中在由它引申出来的后一部分所表示的基本意义上，而不再把它们看作是专门对“叫花子”的嘲笑。

当然，歇后语里也有少数反映剥削阶级的思想意识、内容反动的，如“皇帝实行大赦——开恩”“人不为己——傻蛋”“穷人死在大路上——命该如此”等。这些歇后语，前后两个部分联系起来，或者宣扬封建主义的皇权思想，或者宣扬剥削阶级利己主义的人生观，或者宣扬唯心主义的宿命论。这类歇后语，不仅数量少，而且缺乏生命力，是歇后语里的糟粕，早已随着旧社会的灭亡而消亡。我们应该把那些虽然带有阶级色彩但仍然有表现力的歇后语，同这些内容反动、不宜沿用的歇后语严格区别开来。至于那些含有迷信色彩的歇后语，如"阎王爷贴告示——鬼话连篇""灶王爷上天——有一句说一句""反贴门神——不对脸"和反映某些旧风俗、旧习惯的歇后语，如"大姑娘上轿——头一回""大年三十看皇历——没多少时间了""包脚布当孝帽——一步登天"等等，应该看作是歇后语时代性的一种表现，不能把它们统统看成是反动的或落后的歇后语加以"取缔"。

2. 要划清内容粗俗欠雅的歇后语同内容庸俗污秽的歇后语之间的界限。

歇后语是俗语中的一种，带有程度不同的"俗"气。对歇后语的"俗"气，也要作具体分析，区别对待。

相当一部分歇后语虽然带有"俗"气，但俗不伤雅，例如：

① 柳氏啐道："发了昏的！今年还比往年？把这些东西都分给了众妈妈了。一个个的不象抓破了脸的！人打树底下一过，两眼就象那黧鸡似的，还动他的果子！可是你舅母姨娘两三个亲戚都管着，怎么不和他们要，倒和我来要？这可是'仓老鼠向老鸹去借粮，——守着的没有，飞着的倒有'！"（《红楼梦》第61回697页）

② 沙僧上前，把他脸上一抹道："不羞！不羞！好个嘴巴骨子！'三钱银子买个老驴，自夸骑得！'要是一绣

球打着你，就连夜烧‘退送纸’也还道迟了，敢惹你这晦气进门！”（《西游记》第 93 回 1058—1059 页）

③ 差人恼了道：“这个正合着古语，‘瞒天讨价，就地还钱。’我说二三百银子，你就说二三十两，‘戴着斗笠亲嘴——差着一帽子。’……”（《儒林外史》第 14 回 175 页）

例①里的“仓老鼠向老鸹去借粮——守着的没有，飞着的倒有”，例②里的“三钱银子买个老驴——自夸骑得”，例③里的“戴着斗笠亲嘴——差着一帽子”，虽然都带有比较浓厚的“俗”气，但俗中有雅，给人以含蓄、幽默、风趣感。这一类歇后语，不论是内容上还是表现力上都应予以肯定。

另一类歇后语，虽然欠雅，但并不庸俗、污秽。这一类歇后语为数不少，大致上有以下几种情况：

有的以生活上有某种缺陷的人为描述对象，例如：

① 今天要给“文学”做论坛，明知不配做第二，第三，却仍得替状元捧场，一面又要顾及第三种人，不能示弱，此所谓“哑子吃黄连”——有苦说不出也。（《鲁迅书简》1935 年 9 月 12 日给胡风的信）

② 老许头笑着说：“庄稼快上场了。”杨成林也笑了，打了一个手势：“瞎子磨刀——快了。”（《在祖国的东方》15 页）

③ “托毛主席的福，咱渔家只要加上几把劲，日子就会越来越香，越过越甜，就象矬子爬山——步步登高。”（《渔岛怒潮》5 页）

④ 一日，他姊丈金有余来看他，劝道：“老舅，莫怪我说

你，这读书求功名的事，料想也是难了。……我如今同了几个大本钱的人到省城去买卖，差一个记帐的人，你不如同我们去走走，你又孤身一人，在客伙内，还是少了你吃的、穿的？”周进听了这话，自己想：“‘瘫子掉在井里——捞起来也是坐。’有甚亏负我？”随即应允了。（《儒林外史》第2回23页）

有的以妇女、老汉为描述对象，例如：

① 我们有些同志欢喜写长文章，但是没有什么内容，真是“懒婆娘的裹脚，又长又臭”。（《毛泽东选集》第三卷《反对党八股》）

② 今年树上苹果这么多，赶快摘下来到市场上卖，年底的工分值，又是老太太上楼梯——稳住架步步高哇！（《山燕》38页）

③ 根立又故意问：“要是在会上，你家老头把桌子一拍：这个家我不管了，我这是老公公背着儿媳妇朝华山——出力不落好。那你们可怎么办？”（李准《李双双小传》317—318页）

有的以人体的排泄器官或排泄行为为描述对象，例如：

① “叫我说，他这是扣着腚眼上房——自抬自。”李东山瞅着桌上被揉搓成一团的伪报纸。（冯志《敌后武工队》110页）

② 龙起云拿大手摸摸方嘴巴子，想了想道：“别的先不说，反正我算认识军事民主的好处了。先前我总认为打仗讲民主是脱裤子放屁，白费一道手续。这回打南

线，你看吧，飞雷，手榴弹绑炸药，掷弹筒平射，都是战士想出来的巧办法。”（杨朔《中国人民的脚步声》211页）

③ 我说，你不如先找大队长提建议作个由子，就说这碱也治着，放几个人出去做买卖，钱也抓来了。这不是拉屎薅草——一举两得。（《云燕》38页）

有的以虱子、蝎子、屎克螂等为人们所厌恶的动物为描述对象，例如：

① 刘连华这才严厉地斥责道：“这是和尚头上的虱子——明摆着的，还狡辩什么。”（《烽火南天》165页）

② 姜国瑞的曾祖父那辈儿，日子是非常阔绰的，在扁豆湾来说，不说是蝎子拉屎——独一份，也可以同地主野公鸡相提并论。（《云燕》120页）注：“独份”为“毒粪”的谐音。

③ 金牙翻译官同牛斜眼关系很好，群众说他俩是屎克螂和蛆交朋友——臭到一起了。（《龙山游击队》749页）

上述情况表明，有些歇后语确实比较“俗”，有点欠雅，但用得适当，仍然是有表现力的。我们应当把这种歇后语同那些庸俗、污秽的歇后语严格区别开来。

庸俗、污秽的歇后语，在取材上，同上述这种歇后语往往有相似之处。有时也是以生理上有某种缺陷的人为描述对象，如“麻子作报告——群众观点”“瘸子放屁——一股斜（邪）气”，有的也是以妇女为描述对象，如“儿媳妇怀孕——装孙子”“孕妇放屁——小气”等，它们都有一个致命弱点，就是把描述的对象作为笑料，进行挖苦、嘲弄，使人感到庸俗不堪。这一类歇后语，无疑是规范的对象。还有的歇后语以生殖器官或两性关系为描述对象，完全是一种低级趣味，更应加以抛弃。当然，在文学作品里，有时为了表现反面人物的阶级本性和腐朽的生活作风，偶尔运用也未尝不可，如：曲波《林海雪原》里在描写土匪头子许大马棒的小老婆蝴蝶迷的淫荡生活时，就曾经用了“阔小姐开窑子——不为钱，为图个快活”这样一条歇后语，但这只能是极个别的例外。象下面这两个句子，显然是不足取的：

① 二日天明，一到饭时，李赵两家地主又要来送饭，民兵们打开锁子往里一看，才是落窝鸡的屁眼，要球没蛋。这一下，民兵们可着实发了慌。（《太行风云》296页）

② 栾超家脸更红了，再瞅了一下白茹道：“说句文明的吧！裤筒里抓那个玩意，是手拿把拃。”（《林海雪原》323—324页）

例①里“落窝鸡的屁眼，要球没蛋”虽然是用来骂反面人物，但本身太庸俗、污秽，不堪入目；例②里虽然用了“那个玩意”来代替，但仍然没有摆脱低级趣味，特别是在女同志跟前用这样下流的歇后语，哪有一点“文明”气味呢？

（二）要注意歇后语结构形式的定型化

歇后语长期流传于口语之中，过去又缺乏全面的收集和系统地整理，在结构形式上不可避免地存在许多分歧现象，很有必要在调查研究的基础上加以定型化。

歇后语结构形式的定型化，也是一项相当复杂的工作。进行这项工作，要注意处理好以下两个关系：

1. 歇后语结构形式的定型化和保留具有不同附加意义的歇后语的关系。本书第四部分曾经谈到，几个歇后语后一部分所表示的基本意义相同，由于前一部分的取材不同，可以产生不同的附加意义，从而形成同义歇后语。这种同义歇后语，是歇后语汇丰富的一种表现，自然应予保留。但也有一些歇后语，后一部分完全相同，前一部分虽然取材不同，但并不形成不同的附加意义，例如：

① “光说不算，咱们得碌碡碰砘子，石打石的！”铁柱把烟屁股一丢，急躁地说：“散会！”（《沧石路畔》89 页）

② 但是，抗灾，这是件碌碡砸碾盘——实（石）打实（石）的事，光凭精神又有什么用处呢？要有实际行动才行。（《剑河浪》88 页）

③ 田德山看了看严家宝，继续说：“你信了吧，不是不知足，而是真不足啊！老严，我总在琢磨，打仗可是个磨盘碰碾子——石打石的事儿，掺不得半点假啊！”（《绘新图》15 页）

④ 今天我可是碌碡砸石头——实打实地什么话也给你抖了。（《漳河春》106 页）

⑤ 王大海今年四十来岁，墩墩实实的个子，朴朴实实的脸膛，结结实实的肩膀，说话办事讲究的是石头碰碌碡——实打实。（《换新天》115 页）

以上五例，后一部分都是“石（实）打石（实）”，前一部分分别是“碌碡碰砘子”“碌碡砸碾盘”“磨盘碰碾子”“碌碡砸石头”“石头碰碌碡”，取材虽有所不同，但所表示的附加意义几乎没有什么区别。象这类情况，只要选取其中比较通用的一条就可以了，其他几条都可以淘汰掉。

2. 歇后语结构形式的定型化和歇后语结构灵活性的关系。本书第三部分曾经指出，结构上的灵活性是歇后语的一个重要特点，这是应予肯定的。但是，我们不能借口歇后语结构上的灵活性，而否认歇后语定型化的必要，也不能用歇后语的定型化来人为地限制歇后语的灵活运用。解决这个矛盾，一种可供选择的办法，是规定某条歇后语的标准说法，其他不同说法作为变体对待。请看以下几例：

① 这两天王国忠只找马之悦，根本没有理马连福，他心里边又踏实了，还有点庆幸。心想，只要闷着头干，不再说什么，这场祸就忍过去了。没想老鼠拉木锨，大头在后边哪！（浩然《艳阳天》一卷 597 页）

② 于文彬获得了这场友谊赛的“冠军”，心里真象流进了一大碗蜜汁，甜滋滋的。……不过，他又想起今天才是采药的头一天，“老鼠拖木锨——大头还在后头呐！”（《凌云峰上》141 页）

③ 陈忠利敢于放刁使坏，实情是有戴子炳撑腰壮胆，老鼠拉木楔，大头在后边。（《闹海记》上 282 页）

④ 老武赶快打断他的话说：“可不能这么说！日本人打我们中国，是想灭亡我们，叫大家都做亡国奴，老鼠拉木锨，大头在后面哩！”（马烽、西戎《吕梁英雄传》36 页）

⑤ 我倒是想，咱们要把这工程最后搞成了，问题决不止现在这么点，恐怕是老鼠拉木锨——粗头还在后头呢！（《长虹》下 1337 页）

“老鼠拉木锨”又作“老鼠拖木锨”“老鼠拉木楔”，“大头在后边”又作“大头在后头”“大头在后面”“粗头在后头”。象这样同一条歇后语在不同作家的作品里或者不同的语言环境里有不同的说法，是相当普通的现象。我们很难断定哪一种说法合乎规范，哪一种说法不合乎规范。但是，我们至少可以选择其中比较通行的一条，比如“老鼠拉木锨——大头在后边”，作为标准，而把其他说法作为它的变体来处理。

当然，所谓“变体”也应有个范围，象下面两例似应另当别论：

① 你们别笑，老鼠拉木锨——大事还在后头呢！（李准《李双双小传》407 页）

② 以后，还要发动抗租抗债，打倒土豪劣绅，铲除贪官污吏，……老鼠拉木锨，热闹的戏还在后头哩！（梁斌《红旗谱》200 页）

这里的“大事在后头”“热闹的戏在后头”，显然不是直接从“老鼠拉木锨”“引”出来的，而是根据表达上的特殊需要临时作出的变动，所以，不宜看作是“大头在后边”的变体。

（三）要注意限制使用地域性很强的歇后语

有些文学作品为了突出乡土气息，往往运用带有方言成分或仅仅流行于某一地区的歇后语，例如：

① 观音保扭回头来，“哈哈”一声笑，说：“看你才是蘸着

稀饭吃扁食，越吃越糊涂了，刚才举胳膊那叫干甚？”（《太行风云》221页）

② 海生一看李宝泰那股劲道，满肚火气早压不住了，他把肩膀上背的大砍刀摘下来，“梆啷”往李宝泰面前一摔，李宝泰吓得屁股一忽掀，海生立眉竖眼说：“童男女跌进河里，纸都湿了，你架子倒不乱！你不出，谁出！”（《太行风云》174页）

③ 春燕噘起嘴，闪泼了爹一眼，说：“待理他。不给他做一件，说他要穿哩，真是你给他做下了，不是他不穿，要不，就数黄瓜道萝卜，说这个手大了，那个又不攒余粮了，人家谁再没甚做了，去找他那不待见。”老九掩起笑脸，瞅住春燕，说：“就是黄龙背的砂茶壶，一张好嘴。你给我做来，我不穿？”（《太行风云》272页）

以上三例都引自长篇小说《太行风云》（刘江著，作家出版社1964年版）。“蘸着稀饭吃扁食——越吃越糊涂”“童男女跌进河里——纸都湿了，架子倒不乱”“黄龙背的砂茶壶——一张好嘴”，都流行于晋中、晋东南一带。“扁食”即饺子，“童男女”指出殡时殉葬的纸男纸女，都是方言词。“黄龙背”是太行山区的一个村子，这里出产的砂茶壶，美观耐用，很受欢迎。对于这种地域性很强的歇后语，虽然不能禁止使用，但要加以限制，能够不用的尽量不用；如果一定要用，应该进行必要的提炼，同时要适当地加以注释。《太行风云》的作者，估计到读者可能不了解“童男女”这个词，曾经加了附注，在“黄龙背的砂茶壶——一张好嘴”这个歇后语第一次出现时，也曾经对黄龙背及其出产的砂茶壶作了简要介绍，这样做显然都是必要的。

（四）要注意歇后语书面形式的统一

这里所说的歇后语的书面形式包括两个问题，一个是谐音性歇后语的书写形式问题，一个是关于歇后语的标点符号的使用问题。

谐音性歇后语的书写形式，目前很不一致，常见的有以下三种：一是只写出本字，不写出谐音字；二是先写出本字，在后面括号里注明谐音字；三是先写出谐音字，在后面括号里注出本字。分别举例如下：

① 金龙妈怔了好久，才说："怪不得这几天金龙银花不断和我说，外村土地咋好，还不如到外村去种地，我就骂孩子瞎胡扯。咱这老婆家心眼少，谁知道孩子说的是门神卷灶爷——画里有画呀！"（《不敢露面的队长》75页）

② "大伯怎么这么说！"石柱知道他是门神卷灶爷——画（话）中有画（话），就解释说：……（《双喜临门》22页）

③ 老安顺是一辈子的老好人，永不和人闹过不去，事事都是抱着"老实人常在，吃亏是福"的态度，听到拴柱刚才那句话是"门神卷灶君——话（画）里有话（画）"，便扭回头来重重地碰了拴柱一火。（《金梁和玉柱》2页）

除此之外，还有的不写出本字，直接写出谐音字，例如：

① 小妹子心细、能干。队委会还没来得及宣布这件事，她已经把保管室里的账目实物，清点得小葱拌豆腐，

一清二白，没两天就将帐报上来了。(《鼓角相闻》349页)

② 干脆跟你说，照我们的条件办事，咱们照样干活；不照我们的条件，我们就猪八戒摔耙子——不伺候啦！(《青春似火》69页)

例①里的“清”，本字是“青”；例②里的“候”，本字是“猴”(指孙悟空)，都没有写出来。

由此可见，对谐音性歇后语的书面形式，很有规范的必要。我们建议，除了少数常用的谐音性歇后语不写出本字或谐音字人们也能理解外，一般都要同时写出本字和谐音字；鉴于谐音字是利用同音或近音关系由本字转化来的，所以，一般应先写本字，然后在后面括号里注明谐音字。

关于歇后语标点符号的使用，也同样存在一些混乱现象，主要表现在：

1. 同一个歇后语，前后两个部分之间，有时不用标点符号，有时用逗号或破折号，例如：

① “这也对呀！你是怎样估计呢？我刚来，真是丈二和尚摸不到头脑！你的估计怎样？你谈谈看。”陈坚欣然地说。(吴强《红日》74页)

② 黄林疑惑地瞪大了眼睛，看着地上的转子机零件，真象丈二和尚，摸不着头脑：“这是怎么回事呢？”(《朝霞万里》18页)

③ 猴连长带着几个匪兵冲进门，见吵架的吵架，拉架的拉架，乱作一团，委实有些丈二和尚——摸不着头脑

了。(《江海洪流》51—52页)

还有在前后两个部分之间用冒号的,如:

① 张有义说:“人家那是铁棒敲钟:灵锤锤,谁能比上她?”(马烽、西戎《吕梁英雄传》154页)

② 有的人家听了干部们的话,马上就收拾东西,往山沟里送牛羊空舍清野,有的人家私下里说:“嗨!真是脱了裤子放屁:找麻烦咧!……”(同上110页)

③ 我没个讲的,人家两口子啥也闹好了,才拉个我;咱这是聋子的耳朵:样子货。(同上243页)

2. 同一个歇后语,有时外面加引号,有时不加引号,例如:

① 这一刻的郭驴套,……实指望捉住解放军,报功领赏,万没想到解放军神通广大,竟来了个以毒攻毒!这一下他是“木匠戴枷——自作自受”了。(《沙浪河的涛声》112页)

② 咱们进去看她起来了没有,要是没有起来,你就先在院里等一会儿,……要是她还不愿回去的话,你也不要怨她,这也是你木匠戴枷,自作自受。(胡正《汾水长流》430页)

又如:

① 我早说过,搞民兵训练我不反对;上级实在要咱们挖土坑埋电柱,就依大伙的意见吧。反正我是“灶王爷上天——有一句说一句”。(《征途》321页)

② 我这个人……平常夙往,是灶王爷上天有一句说一句,没的我也不添,有的我也不去。(《独幕剧选》

7页）

也有只在前一部分或者只在后一部分加引号的，例如：

① 羊统领道："你让他吃罢，横竖是'蜻蜓吃尾巴'，多吃了他自己也有分的。"（《官场现形记》第29回483页）

② 如果在应该发言，应该提出主意、提出办法的时候，却为了个人得失而不出主意，不提办法，来个徐庶进曹营——"一言不发"，那不是放弃领导和对党交给的任务实行怠工吗？（《谈谈典型调查问题》17页）

还有前一部分加了引号之后，后面加破折号或者不加标点符号的，如：

① 张金龙喝得筋都暴起来了，他放下酒杯，说："何团长，我这个人你知道，说话向来是'袖筒里入棒槌'——直出直入！要是有郭三麻子在，我反正不去！"（袁静、孔厥《新儿女英雄传》59页）

② 从此老东山的日子真是"王小二过年"一年不如一年。（《迎春花》166页）

歇后语标点符号运用上的不一致，有的与歇后语本身前后两个部分之间语气停顿的长短有关，有的跟它所在的语言环境有关，但是，确实有许多情况是说不出什么道理的。对标点符号的运用，固然不能限制得过死，但也应该有一个总的准则。考虑到歇后语前后两个部分之间，或长或短都有一定的语气停顿，一般地说，还是以加上标点符号为好，可根据停顿的长短和上下文的情况加逗号或破折号；由于歇后语本来就是现成的语言材料，如果不是特殊需要的话，一般不需要加引号。

关于歇后语的规范化，还有许多问题需要探讨。上面所谈意见很不成熟。相信通过大家共同努力，一定能把这项工作不断地推向前进。

后　记

本书前四章的基本内容采自拙著《引注语（歇后语）的名称和性质》（《晋阳学刊》1980年第1期）、《引注语（歇后语）的来源》（《晋阳学刊》1980年第3期）、《试谈引注结构》（《语文研究》1981年第2辑）、《歇后语的语义》（《中国语文》1981年第6期）。写入本书时，作了修订和补充。

本书部分初稿曾请山西大学中文系孟维智、宋秀令同志看过，承他们提了许多宝贵意见，特此致谢。

作　者　1982年8月

附　　录

(一)本书引例中的人物简注

张飞:三国蜀汉大将,字翼德,涿郡(今河北涿县)人。据《三国演义》描写:"其人:身长八尺,豹头环眼,燕颔虎须,声若巨雷,势如奔马。"(见第1回)他的性格以刚直鲁莽、嫉恶如仇著称。

吕洞宾:唐京兆人,名岩,号纯阳子,洞宾是他的字。六十四岁时,因科举不第,浪游江湖,遇钟离权,修行得道,被道教尊奉为八仙之一,也叫吕祖。

猪八戒:《西游记》里的人物,原名猪刚鬣,法名悟能。本是天河里天蓬元帅,因调戏嫦娥被贬谪,误投到母猪胎里变成猪的样子,后随唐僧往西天取经。他身粗力大,很能干活,性格憨厚,本质单纯,但也有好吃懒做,喜进谗言,爱沾便宜,贪图女色等缺点。

武大郎:《水浒传》中人物,武松的哥哥,个子很矮。《水浒传》第二十四回:"这武大郎,身不满五尺,面目丑陋,头脑可笑。清河县人,他生得短矮,起他一个诨名,叫做'三寸丁谷树皮'。"

杨六郎:《杨家将》中的人物,名将杨继业的六子,名延昭,号称杨六郎。年轻时随父出征,守边二十余年。

杨宗保:杨六郎之子,因与穆桂英私订婚姻获罪。杨六郎为招降穆桂英赦了他的罪。

穆桂英:《杨家将》中的人物,生长在山东穆柯寨,自招杨宗保为婿,归于宋营,智勇双全,为保卫宋王朝出了力。

林冲:《水浒传》中人物,绰号豹子头,原是东京八十万禁军教头,被高俅父子害得家破人亡,终于逼上梁山。

何仙姑：传说中的八仙之一。相传是唐广州增城女子，十四五岁时食云母粉而成仙，行动如飞。

（二）例句来源书目表

书　　名	作　　者	出版单位	出版时间
李双双小传	李　准	人民文学出版社	1977 年版
西游记	吴承恩	人民文学出版社	1959 年版
枫香树	王英先	中国青年出版社	1979 年版
中国唱片大戏考	中国唱片厂编	上海文化出版社	1958 年版
林海雪原	曲　波	作家出版社	1958 年版
烽火南天		广东人民出版社	1974 年版
艳阳天	浩　然	人民文学出版社	1974 年版
水下尖兵	沈顺根	北京人民出版社	1974 年 12 月
草原民兵		中国青年出版社	1956 年版
第一个春天	李新民	山东人民出版社	1959 年版
云燕	管建勋	人民文学出版社	1976 年 10 月版
六十年的变迁	李六如	作家出版社	1961 年版
咆哮的松花江	林予、谢树	黑龙江人民出版社	1976 年版
暴风骤雨	周立波	人民文学出版社	1958 年版
霞岛	周　肖	解放军文艺出版社	1974 年版
漳河春	王东满	山西人民出版社	1976 年 2 月版
夜走骆驼岭	李　准	作家出版社	1959 年版
姑苏春	树　棻	上海文艺出版社	1978 年版
烈火金钢	刘　流	中国青年出版社	1959 年版
李自成	姚雪垠	中国青年出版社	1977 年版
保卫延安	杜鹏程	人民文学出版社	1956 年版
狂飙	邱恒聪	江西人民出版社	1977 年版

儿女风尘记	张孟良	中国青年出版社	1959 年版
我的第一个上级	马　烽	人民文学出版社	1977 年版
红楼梦	曹雪芹	人民文学出版社	1959 年版
中国人民脚步声	杨　朔	新文艺出版社	1954 年版
红色电波	谢学潮	人民文学出版社	1976 年版
小黑马的故事	袁　静	人民文学出版社	1959 年版
原林深处(上)	张作为	山西人民出版社	1979 年版
一九五八年短篇小说选		作家出版社	1959 年版
广大的战线	维恩、峻峰	人民文学出版社	1977 年 9 月版
野火春风斗古城	李英儒	作家出版社	1959 年版
汾水长流	胡　正	山西人民出版社	1956 年版
镜花缘	李汝珍	作家出版社	1955 年版
三千里江山	杨　朔	人民文学出版社	1957 年版
我们是不同的	邵子南	工人出版社	1956 年版
太行风云	刘　江	山西人民出版社	1960 年版
长城烟尘	柳　杞	解放军文艺出版社	1962 年版
义和团的志气永不灭		百花文艺出版社	1961 年版
山西短篇小说选		山西人民出版社	1959 年版
光明与黑暗	谌　容	人民文学出版社	1978 年版
燕岭风云	单学鹏	人民文学出版社	1977 年版
洪流滚滚	李明性	河南人民出版社	1975 年版
游击健儿		江苏人民出版社	1972 年 5 月
朝阳花	马忆湘	中国青年出版社	1962 年版
武陵山下(上)	张　行	湖南人民出版社	1977 年版
春花	河南省文联编	河南人民出版社	1956 年版
敌后武工队	冯　志	解放军文艺出版社	1958 年版

青石崖		山西人民出版社	1975 年版
钻天峰		人民文学出版社	1975 年版
靠山堡	聂　海	山西人民出版社	1978 年版
闹海记(上)	唐亢双 谢金雄	广东人民出版社	1977 年版
大路向阳	黄权舆	甘肃人民出版社	1978 年版
吕梁英雄传	马烽、西戎	人民文学出版社	1977 年版
桐柏英雄		天津人民出版社	1972 年版
黎明的河边	峻　青	人民文学出版社	1978 年版
云飞嶂	武剑青	广东人民出版社	1978 年版
追风骏马		内蒙古人民出版社	1975 年版
大清河上的风云	胡　运	作家出版社	1959 年版
女英雄刘胡兰	马　烽	山西人民出版社	1975 年版
呼兰河传	萧　红	新文艺出版社	1954 年版
山乡巨变	周立波	作家出版社	1958 年版
百炼成钢	艾　芜	作家出版社	1958 年版
红色交通线	袁　静	河南人民出版社	1979 年 1 月
县委书记	阎丰乐	北京人民出版社	1976 年版
海疆儿女		福建人民出版社	1977 年版
东方	魏　巍	人民文学出版社	1978 年版
开端		浙江人民出版社	1972 年版
难忘的战斗	孙景瑞	上海人民出版社	1973 年版
新花似锦		江苏人民出版社	1975 年版
山呼海啸	曲　波	中国青年出版社	1977 年版
太行志	崔复生	河南人民出版社	1977 年版
新儿女英雄传	袁静、孔厥	新文艺出版社	1954 年版
井冈烽火		江西人民出版社	1977 年版
征途	郭先红	上海人民出版社	1973 年版
英雄的乡土	晋庄玉	贵州人民出版社	1976 年版

摇耧记	成一等	山西人民出版社	1978 年版
玉龙的眼睛	曼　生	江苏人民出版社	1977 年版
闽海激浪		福建人民出版社	1977 年版
松青旗红		山西人民出版社	1974 年版
沂蒙红缨		山东人民出版社	1977 年 3 月
杨春山入社	吴梦起	作家出版社	1956 年版
龙岗战火	张思忠	上海文艺	1979 年版
到敌后去	家　声	安徽人民出版社	1959 年版
江山村十日	马　加	上海文艺出版社	1959 年版
枫叶殷红		农村读物出版社	1976 年版
在决战的日子里	刘子威	百花文艺出版社	1978 年版
进军的战鼓		宁夏人民出版社	1978 年版
长虹	田东照	山西人民出版社	1976 年版
红石山中		人民文学出版社	1972 年版
映山红		广东人民出版社	1973 年版
龙腾虎跃		吉林人民出版社	1974 年版
中流砥柱		黑龙江人民出版社	1972 年版
双喜临门	李逸民	作家出版社	1960 年版
战马嘶鸣		天津人民出版社	1972 年版
火苗	李瑞林	江苏人民出版社	1976 年版
不息的怒潮	孙景瑞	上海人民出版社	1976 年版
试金石		江苏人民出版社	1975 年版
双牵牛	河北遵化县文化馆	人民文学出版社	1977 年版
吉林短篇小说集		吉林人民出版社	1974 年版
号声嘹亮		人民文学出版社	1972 年版
中州风雷		河南人民出版社	1977 年版
三探红鱼洞	程　建	上海人民出版社	1975 年版
碧绿的秧苗		人民文学出版社	1976 年版

儒林外史	吴敬梓	人民文学出版社	1959年版
钢铁巨人	程树榛	上海人民出版社	1975年版
战斗的堡垒	农村版图书编选小组	农村读物出版社	1974年版
春雷		山东人民出版社	1974年版
上海民间故事选		上海文艺出版社	1960年版
高峡平湖		陕西人民出版社	1975年版
雁塞游击队	马云鹏	人民文学出版社	1977年版
山乡巨变续篇	周立波	作家出版社	1960年版
春花		河南人民出版社	1956年版
晨光曲		人民文学出版社	1976年版
大路歌	侯钰鑫	河南人民出版社	1978年版
毛泽东选集		人民出版社	1967年11月改横排袖珍本
建国十年文学创作选·曲艺		中国青年出版社	1959年版
橱窗迎彩霞	曹建章	人民文学出版社	1978年版
戎萼碑	曲　波	山东人民出版社	1977年版
娜敏伊虹	刘希天	内蒙古人民出版社	1978年版
洮河飞浪	纪　宇	吉林人民出版社	1962年版
万丈长缨		山东人民出版社	1976年版
惊雷	王忠瑜	天津人民出版社	1975年版
草原集		人民文学出版社	1977年版
沸腾的军营	峭　石	解放军文艺社	1962年版
革命春秋		北京人民出版社	1974年版
不敢露面的队长	冯金堂	作家出版社	1959年版
沧石路畔	张庆田	新文艺出版社	1956年版
桥隆飙	曲　波	人民文学出版社	1979年版
草原的早晨		人民文学出版社	1977年版

飞兵赤水		四川人民出版社	1977 年版
换地	王荣佛	新文艺出版社	1955 年版
大刀记	郭澄清	人民文学出版社	1975 年版
春风杨柳	沙　群	上海人民出版社	1972 年版
评书传统作品选		作家出版社	1958 年版
战斗在滹沱河上	李英儒	人民文学出版社	1960 年版
激浪奔腾		江苏人民出版社	1975 年版
连云浪花		江苏人民出版社	1973 年版
延安的种子		上海人民出版社	1972 年版
一百二十回水浒	施耐庵	商务印书馆	1959 年版
金光大道	浩　然	人民文学出版社	1974 年版
碧水长流		上海人民出版社	1973 年版
长缨颂		广西人民出版社	1977 年版
安徽短篇小说选	安徽文联编	安徽人民出版社	1959 年版
激战长空	蔡振兴	上海人民出版社	1976 年版
天山战歌		农垦出版社	1959 年版
武陵山下	张　行	湖南人民出版社	1977 年版
大海的怒涛		上海人民出版社	1976 年版
西辽河传	杨大群	人民文学出版社	1959 年版
油浪滚滚		上海人民出版社	1975 年版
三号闸门	羽　扬	新文艺出版社	1954 年版
龙滩春色	马　春	天津人民出版社	1973 年 10 月
闪光的年华	尼　尼	河南人民出版社	1978 年版
上海十年文学选集·戏曲剧本选		上海文艺出版社	1960 年版
中篇小说集		农村读物出版社	1976 年版
奔腾的大黑河	谷丰登	内蒙古人民出版社	1977 年版
解放太原之战	程秀龙	山西人民出版社	1980 年版
渔岛怒潮	姜树茂	人民文学出版社	1972 年版

青山网	广西军区政治部	广西人民出版社	1977年版
风雷	陈登科	中国青年出版社	1964年版
淮河边上的儿女	陈登科	作家出版社	1954年版
志愿军一日		人民文学出版社	1956年版
高山大峒	韩北屏	作家出版社	1956年版
沉船礁		解放军文艺社	1965年版
1958年散文特写选		作家出版社	1959年版
迎春花	冯德英	解放军文艺社	1959年版
地下长龙	李德复、卫士洪	湖北人民出版社	1974年版
找红军	马识途	四川人民出版社	1978年版
星火燎原(3)		人民文学出版社	1959年版
在祖国的东方	马　加	作家出版社	1955年版
山燕	杨大群	人民文学出版社	1977年版
烽火南天		广东人民出版社	1974年版
龙山游击队	田东照　罗贤保	山西人民出版社	1979年版
剑河浪	汪　雷	上海人民出版社	1974年版
绘新图		北京人民出版社	1972年版
换新天		河北人民出版社	1975年版
凌云峰上		山西人民出版社	1973年版
红旗谱	梁　斌	中国青年出版社	1958年版
双喜临门	李逸民	作家出版社	1960年版
金梁和玉柱	李文珊	山西人民出版社	1960年版
鼓角相闻	钟虎　石冰	上海人民出版社	1976年版
青春似火	吴梦起	少年儿童出版社	1961年版
红日	吴　强	人民文学出版社	1961年版
朝霞万里		天津人民出版社	1973年版

江海洪流		江苏人民出版社	1973 年版
沙浪河的涛声	田　瞳	甘肃人民出版社	1979 年版
独幕剧选		春风文艺出版社	1959 年版